1

Udo Golfmann
Das Lenormand der goldenen Zeit

Besuchen Sie Udo Golfmann auch im Internet und erfahren Sie alles über seine Beratungen, Seminare und mehr unter
www.udo-golfmann.de
https://facebook.com/engeltherapie.deutschland

Herstellung und Verlag:

BoD- Books on Demand, Norderstedt

ISBN-13: 978 -751 932 622

Deutsche Erstauflage
2020
©Udo Golfmann

Abbildungen:
Das Lenormand der goldenen Zeit © Udo Golfmann
Umschlaggestaltung: Michelle Kalinke nach Vorgabe von Udo Golfmann

Inhaltsverzeichnis

Einleitung

Die Lenormandkarten der goldenen Zeit sind für alle Menschen gemacht, die mehr über sich, ihre Zukunft und ihr Schicksal erfahren möchten. Ihre einzigartigen Bilder sprechen eine sehr klare Sprache. Diese Karten erlauben es detailliert, präzise und überaus treffsicher für sich selbst und andere Menschen in die Zukunft zu schauen.

Mit diesem Deck hole ich die Energie der beliebtesten Orakelkarten der Welt in die neue Zeit.

Ich wurde als Hellseher und Engelmedium geboren und interessiere mich solange ich denken kann für verschiedene Methoden der Weissagung. In den letzten 25 Jahren habe ich erlernt, mit den Skatkarten, verschiedenen Tarotkarten, diversen Orakelkarten und selbstverständlich mit den wunderbaren Lenormandkarten zu arbeiten.

Die Lenormandkarten sind mir im Laufe der Jahre ganz besonders ans Herz gewachsen, wegen ihrer starken Aussagekraft und ihrer Präzision. Ihre Bilder sprachen mit mir und dadurch konnte ich sehr präzise Aussagen machen. Diese Karten waren für eine lange

Zeit meine Begleiter und eine wundervolle Brücke zur Geistigen Welt.

In den letzten Jahren verstärkte sich in mir mehr und mehr das Drängen ein vollkommen neues Lenormanddeck zu kreieren.

Erzengel Gabriel sagte zu mir, dass die Energie der alten Kartendecks nicht mehr in die heutige Zeit passen. Gleich nachdem ich diese Botschaft empfing, habe ich mich mit den Engeln verbunden, um neue Bilder und Symbole zu channeln. Dabei war es mir besonders wichtig, ein Kartendeck zu kreieren, welches in die Energie der neues Zeit passt. Es sollten Karten sein, die das goldene Christuslicht in sich tragen. So entstand dieses wundervolle Deck. Die Lenormandkarten für das goldene Zeitalter geben Ihnen Antworten auf alle Lebensfragen und helfen Ihnen gleichzeitig bei Ihrem persönlichen und spirituellen Aufstieg.

Sie halten mit diesen Karten ein Werkzeug in Ihren Händen, mit dem Sie so treffsicher in die Zukunft schauen können, wie es nach meiner Erfahrung, mit keinem anderen Werkzeug möglich ist. Diese Karten bestechen durch ihre wunderschönen Bilder, die ich direkt von den Engeln empfangen habe und ihre großartige

Aussagekraft. Sie lassen uns sehr genau und detailliert in alle Bereiche des Lebens hineinschauen.

Eines der wichtigsten Dinge, die Sie beim Legen der Karten beherzigen sollten, ist, dass Sie die Karten niemals mit dem Kopf (Verstand) deuten sollten, sondern nach Ihrer Intuition.

Das bedeutet, dass Sie mit auswendig lernen von Einzelbedeutungen und/oder Kombinationen nicht sehr weit kommen werden, wenn Sie lernen möchten diese Karten zu deuten. Öffnen Sie einfach Ihr Herz für die Geistigen Helfer und lassen Sie sich ganz auf die Bilder der Karten ein.

Mit diesem Buch werde ich Ihre Intuition schulen, indem ich Ihnen zeige, wie Sie diese wunderschönen Karten wahrhaftig mit Ihrem Herzen verstehen werden.

Wenn Sie den Anleitungen in diesem Buch folgen, dann werden Sie die Karten fühlen können. Das Lenormand der goldenen Zeit und dieses Buch werden Ihnen ermöglichen mit höchster Präzision und Treffsicherheit in die Zukunft zu schauen.

Außerdem werden Sie zwei Legesysteme

erlernen, welche ich gemeinsam mit den Engeln für Sie neu entwickelt habe.

Sie werden lernen, mit Hilfe dieser wunderschönen Karten ein Engelreading durchzuführen. Das wird Ihnen helfen sich noch intensiver mit den himmlischen Helfern zu verbinden.

Mein Legesystem „Reinkarnationslegung" wird Ihnen zeigen, welche früheren Leben Einfluss auf Ihr jetziges Leben haben und Ihnen helfen Themen und Blockaden, die Sie aus Ihren früheren Inkarnationen belasten endgültig aufzulösen.

Sie werden lernen, wie Sie schnell mit drei Karten, neun Karten und dem keltischen Kreuz, Antworten auf Ihre fragen erhalten. Die von mir entwickelte Entscheidungslegung wird Ihnen eine wertvolle Hilfestellung sein, wenn Sie wichtige Entscheidungen im Leben zu treffen haben. Und natürlich werden Sie lernen, wie Sie mit Hilfe der großen Tafel und der Häuser in alle Bereiche des Lebens schauen können.

Ein weiteres Ziel dieses Buches ist es Ihnen die Engel, insbesondere die Erzengel näher zu bringen, so dass Sie lernen, wie Sie sich leicht und einfach mit diesen Himmlischen Wesen verbinden können und wie Sie mit Hilfe meiner Karten jederzeit Ihre Engel befragen können und Erfahren können welcher, der Erzengel gerade speziell an Ihrer Seite ist und wie Sie mit dem entsprechenden Engel in Kommunikation kommen und bleiben können, so dass die Engel Ihnen helfen werden, die höchsten Ziele Ihrer Seele zu erreichen, hierzu habe ich zu jedem Erzengel ein Ritual entwickelt, was Ihnen bei konsequenter Anwendung helfen wird, sich voll und ganz mit dem jeweiligen Erzengel und seiner Energie zu verbinden..

Dieses Buch ist in drei Teile gegliedert. Der erste Teil beschäftigt sich mit den Lenormandkarten der goldene Zeit, ihren tiefgreifenden Bildern, Symbolen und möglichen Kombinationen.

Im zweiten Teil beschäftigen Sie sich mit den verschiedenen Legemethoden, die Ihnen helfen werden die Karten für alle Bereiche des Lebens klar zu befragen.

Zuletzt werden Sie die Engelzuordnung der Lenormandkarten der goldenen Zeit kennenlernen. Dadurch werden Sie lernen, wie Sie mit Hilfe dieser wunderschönen Karten ein Engelreading durchführen können

Dadurch, dass Ihnen dieses Buch in die Hände gefallen ist, Sie es entweder für sich selbst gekauft haben oder geschenkt bekommen haben, ist dies bereits als Zeichen zu sehen, dass Sie dazu berufen sind, das Kartenlegen zu erlernen und sich mit den himmlischen Wesen zu verbinden. Da es auf dieser Welt keinerlei Zufälle gibt, ist dieses Buch nicht ohne Grund zu Ihnen gekommen. Da können Sie sich ganz sicher sein.

Ich beherrsche die Kunst des Kartenlegens bereits seit meiner Kindheit und arbeite mehr als 20 Jahre als spiritueller Lebensberater, Coach sowie Kartenleger. und lege seit mehr als 25 Jahren die Karten. Ich bin hellsichtig, hellhörend, hellwissend und hellfühlend und bekomme Botschaften von den Engeln. Von diesem reichen Schatz an Erfahrung können Sie nun mit Hilfe dieses Buches profitieren.

Ich lasse Sie teilhaben an meinem Wissen und möchte Sie mitnehmen auf eine Reise in die Zukunft, eine Reise die so spannend ist, wie keine andere und Ihnen eine unendlich wertvolle Hilfe im Leben sein kann. Denn zu wissen was geschehen wird, bevor es geschieht (noch bevor es geschehen ist), bietet Ihnen die Chance sich auf unabwendbare Ereignisse vorzubereiten und die Dinge die Sie in Ihrer Hand haben positiv zu beeinflussen oder sogar abzuwenden. Ich werde bewusst auf die geschichtlichen Hintergründe verzichten, da ich diese zwar für interessant, aber für nicht relevant halte. Wir wollen keine Reise in die Vergangenheit dieser Karten unternehmen, sondern sie aus heutiger moderner Sicht betrachten und begreifen. Ich habe schließlich mit Hilfe der Engel ein vollständig neues Kartendeck kreiert, da wollen wir uns nicht mit der Vergangenheit beschäftigen, sondern die Energie der neuen Zeit herzlich willkommen heißen. Ich freue mich sehr, dass ich Sie durch dieses Buch und meine neuen Karten begleiten darf auf Ihrem Weg in eine schöne, neue Zukunft.

Ich werde in diesem Buch darauf achten Ihnen alles so zu erklären, dass es leicht verständlich und anwendbar ist, so dass Sie die Karten für sich und Andere zu einem Teil Ihres Lebens werden lassen können.

Ich wünsche Ihnen von Herzen viel Spaß und ganz viele himmlische Inspirationen beim Lesen dieses Buches und beim Arbeiten mit den Lenormandkarten der goldenen Zeit.
Ihr
Udo Golfmann

Teil 1
1. 1 Die Lenormandkarten der goldenen Zeit

Die Lenormandkarten der goldenen Zeit sind ein ganz neues Kartendeck, welches durch Erzengel Gabriel in die Welt gebracht wurde. Erzengel Gabriel ist der Bote Gottes und der Engel der Kreativität. Durch ihn habe ich jedes Bild einzeln gechannelt. Dadurch enthalten die neuen Lenormandkarten der goldenen Zeit die Energie des Himmels.

Sie bestechen durch Ihre einzigartigen, schönen Bilder, die auf wunderbare Weise die Phantasie anregen, ja Sie haben richtig gelesen es geht auch um Fantasie. Johanna von Orleans sagte zu einem ihrer Inquisitoren, als dieser sie fragte, ob sie die Stimme Gottes nur in ihrer Phantasie hören würde, „Ja , aber wie sonst sollte Gott mit mir kommunizieren, wenn nicht über meine Fantasie."
Dieser Satz greift sehr schön eines der

wichtigsten Themen beim Kartenlegen auf.
Die Karten dienen als direkte Verbindung
zwischen der geistigen / göttlichen Welt und
Ihnen. Sie geben Ihnen Antworten auf jede
beliebige Frage, die Sie an die Karten richten
oder geben Ihnen ungefragt Auskunft über
zukünftige Geschehnisse und Ereignisse.

Was glauben Sie: Woher kommen diese
Antworten? Von den Karten?
Wohl eher nicht! Denn bei Ihnen handelt es
sich bei ihnen schließlich lediglich um 36
bedruckte Papierkärtchen, die zwar
wunderschön aussehen und dadurch eine
großartige Aussagekraft und Präzision
besitzen, aber definitiv kein Eigenleben
besitzen.
Sie selbst in Verbindung mit dem Göttlichen
und der geistigen Welt sind es, die es schaffen
den Karten Leben zu geben. Die Frage die Sie
stellen, richtet sich zwar an die Karten, aber
genau diese Frage kommt immer in der
geistigen Welt an und die Antwort kommt aus
der göttlichen Quelle über Ihre Karten zu Ihnen
auf den Tisch. Die Bilder der Karten helfen
Ihnen dabei die Antworten Gottes zu
verstehen.
Die Karten sind nicht umsonst nach einer der

größten Wahrsagerinnen der Geschichte benannt worden, nach Mademoiselle Lenormand, die allerdings niemals Lenormandkarten zu Gesicht bekommen hat oder benutzte. Dies sei hier kurz zur Richtigstellung erwähnt, denn diese Karten wurden das erste Mal nach ihrem Tod gedruckt. Der Name wurde lediglich als Werbeaufhänger genutzt.

Dies alles tat aber der Größe und der wunderbaren Aussagekraft der Lenormandkarten keinen Abbruch. Sie waren und sind bist heute nicht umsonst die beliebtesten Wahrsagekarten der Welt und sind auch mein persönliches Lieblingsdeck, welches ich in der Praxis sehr oft benutze. Ich freue mich sehr, dass ich gemeinsam mit Erzengel Gabriel die Energie dieser Karten in die neue Zeit holen durfte. Dieser Auftrag ist mir eine große Freude gewesen

Es hilft mir immer wieder zu beeindruckenden Ergebnissen und Treffern zu kommen und beeindruckt mich bis zum heutigen Tage immer wieder aufs Neue.

1.2 Die Lenormandkarten der goldenen Zeit weihen

Wenn Sie sich ein neues Kartendeck gekauft haben und es nun benutzen wollen müssen

Sie Karten zunächst einmal auf Ihre Energie weihen. Dies ist sehr einfach, hierzu packen Sie die Karten einfach aus und hauen dreimal kräftig mit der Faust Ihrer dominanten Hand von oben auf den Kartenstapel und sprechen die folgende Worte:

„Lieber Gott, lieber Erzengel Michael, bitte sendet einen weißen reinigenden Lichtstrahl durch die Karten, damit sie vollkommen gereinigt sind von fremden Energien! So ist es, Amen."

Danach berühren Sie jede einzelne Karte mit Ihren Händen und heißen sie in Ihrem Leben willkommen, indem Sie sich jedes Bild in Ruhe anschauen und auf sich wirken lassen.

Zum Abschluss bilden sie aus allen Karten einen Fächer und halten diesen mit den Bildern zum Körper an Ihr Herz und bitten die Engel und Lichtwesen Ihre Karten mit Wahrheit, Klarheit und Authentizität zu segnen.Benutzen Sie dazu folgende Worte:

„ Lieber Gott, lieber Erzengel Gabriel, ich danke für Eure Kraft. Ich bitte darum, dass alle meine Legungen für mich und andere Menschen mit Wahrheit und Klarheit gesegnet sind! So ist es, Amen."

Ab diesen Zeitpunkt sind die Karten Ihre, Sie

gehören nur Ihnen, geben Sie Ihre Karten niemals aus der Hand, das heißt Sie sind nicht nur die Person, die die Karten legt, sondern Sie und nur Sie mischen die Karten sowohl für sich und andere.

Wenn Sie für andere die Karten mischen konzentrieren Sie sich einfach auf die betreffende Person bzw. das Anliegen der betreffenden Person und hören auf zu mischen, wenn Sie in Ihrem Bauch ein gutes Gefühl haben.
Sollten die Karten dennoch einmal aus Versehen von einer anderen Person berührt werden, wenden Sie einfach die oben genannten Schritte erneut an, um die Karten wieder auf Ihre Energie zu weihen. Sie können dies natürlich auch jederzeit so tun, wenn Sie das Gefühl haben, dass die Karten den Zugang zu Ihrer Energie verloren haben und natürlich jedes Mal, wenn Sie sich ein neues Kartendeck zulegen.

1.3 Kartenlegen lernen

Wenn Sie mit dem Kartenlegen beginnen, ist es sinnvoll, wenn Sie entspannt und ausgeglichen sind. Bevor Sie zur großen Tafel, dem sogenannten Rundumblick kommen, ist es sinnvoll, erst einmal mit klaren Fragen zu üben. Dafür nutzen Sie idealerweise die Legemethoden mit drei, neun Karten oder auch das keltische Kreuz. Alle Legesysteme in diesem Buch nutze ich übrigens sehr gerne in meinen Beratungsgesprächen.

Die Kunst des Kartenlegens liegt im Gefühl und nicht im Verstand. Also wenn Sie der Ansicht sind, dass Sie durch auswendig lernen der Karten zu einem Kartenleger werden, der es versteht in die Zukunft zu schauen, dann liegen Sie falsch.
Das Wichtigste ist das wirkliche Verstehen und Begreifen der Karten und ihrer Bedeutungen und dieses Begreifen findet niemals im Kopf statt sondern im Herzen und in Ihrem Bauch, also versuchen Sie bitte unbedingt die Karten mit Ihrem Herzen zu sehen. Schauen Sie sich jede einzelne Karte immer wieder an, achten Sie auf kleinste Details in den Bildern und schauen Sie wie Sie sich beim Anblick der Karten fühlen. Der erste Schritt für Sie besteht darin, die Karten in positive -, negative - und neutrale Karten einzuteilen. Dies machen Sie in dem Sie, am besten bevor Sie das 3. Kapitel lesen. Wie oben beschrieben sollten Sie jede einzelne der 36 Karten in Ruhe anschauen und in sich hinein spüren, was für Gefühle diese

Karte auslöst. Ist das Gefühl positiv ist es auch die Karte, ist es negativ dann ist es auch die Karte und wenn Sie gar kein besonderes Gefühl bemerken, ist die Karte neutral zu werten.

Keine Angst, Sie können hierbei keine Fehler machen, denn die Karten sind schließlich auf Ihre Energie geweiht, Daher wird die Antwort, die Sie aus Ihrem Inneren heraus bekommen auch immer die richtige sein. Vertrauen Sie ganz einfach auf Ihr Gefühl.

Der zweite Schritt ist dann sicherlich das Kapitel über die Einzelbedeutungen der Karten zu lesen und dann heißt es, Übung macht auch hier den Meister.
Üben Sie so viel wie möglich mit sich selbst und für andere.

Sich selbst in die Karten zu schauen, ist mit Hilfe der Engel und dieser neuen Karten endlich möglich. Da die Engel immer Ihr höchstes Wohl im Sinn haben, werden sie Ihnen immer helfen die Wahrheit zu sehen. Wichtig ist, dass Sie, wenn Sie für sich selbst in die Karten schauen ohne Erwartungen,

Wünsche oder Ängste die Karten zu mischen. Bitten Sie einfach die Engel, dass sie Sie zu den stimmigen Antworten führen.

Die Lenormandkarten der goldenen Zeit stehen in direkter Resonanz mit den Engeln, dadurch wird jede Legung immer sehr klar die Wahrheit sagen. Ich gebe zu, dass es nicht so leicht ist für sich selbst in die Karten zu schauen Auch erfahrenen Kartenlegern fällt es oftmals schwer sich selbst gegenüber die notwendige Neutralität zu besitzen.

Geht es beim Kartenlegen um eine andere Person, der wir in die Karten schauen ist das Legen und Deuten der Karten wesentlich leichter. Es ist sogar so: Je weniger man über eine Person weiß, desto leichter ist es die Karten zu deuten.
Wenn wir einer anderen Person in die Karten schauen (am besten funktioniert das mit Personen über deren Thema wir gar nichts vorher wissen) wünschen wir uns normalerweise nur eines zu sehen, die Wahrheit, denn dass ist ja schließlich immer das was der jeweiligen Person am meisten hilft.
Auch, wenn es manchmal in der Praxis

schwerfallen mag, rate ich immer dazu ehrlich und authentisch das zu sagen, was man in den Karten sieht, denn die Devise sollte sein: **„Besser die schlimmste Wahrheit als die schönste Lüge."**
Also keine Scheu wenn es um ehrliche Antworten geht denn wie gesagt, das Einzige was einem Menschen der Ihren Rat sucht wirklich und wahrhaftig hilft ist die reine Wahrheit, auch wenn diese in manchen Fällen unangenehm sein kann.

Natürlich ist das Ziel beim Kartenlegen, dahin zu gelangen den sogenannten Königsweg auslegen zu können, den „Rundumblick" oder auch „die große Tafel" genannt, mit der Sie dann mit einer Auslegung in jeden Lebensbereich eines Menschen hinein schauen können.

Am Anfang stehen eher die kleinen Legesysteme, z.B. das Keltische Kreuz, welche sich wunderbar dazu eignen Antworten auf präzise Fragen zu geben. Diese sollten allerdings nicht zu allgemein gehalten werden, sondern sehr klar gestellt werden, denn es gilt hier allgemeine Fragen führen zu allgemeinen Antworten, präzise und genau gestellte Fragen führen dementsprechend zu sehr klaren und deutlichen Antworten. Also statt „wie geht es beruflich weiter?" kann man z.B fragen: „Welche Potenziale habe ich beruflich?" oder „Habe ich eine Möglichkeit zu einer Beförderung?" usw.

In der großen Tafel welche ich bereits kurz angesprochen habe stellt man gar keine Fragen sondern konzentriert sich lediglich beim Mischen auf die Person, für die, die Karten gelegt werden sollen und hält seine Gedanken neutral.

1.4 Einzelbedeutungen der Karten
Karte 1: Der Reiter (positive Karte)

Auf dem Bild sehen wir einen hellen Himmel mit ein paar kleinen Wölkchen. Ein gut aussehender sehr schlanker Mann in einem weißen Smoking gekleidet sitzt auf einem Einhorn Unterhalb des Einhorns ist ein Regenbogen auf dem das Einhorn reitet.

In der Zeit als die Lenormandkarten entstanden war der Reiter zu Pferd die schnellste Möglichkeit Nachrichten zu versenden. Erzengel Gabriel hat das Pferd durch ein Einhorn ersetzt, welches auf einem Regenbogen reitet.

Diese Karte weist in einer ihrer Bedeutungen auf die schnelle und persönliche Überbringung einer Nachricht hin. Der Mann auf dem Einhorn muss ein junger und sportlicher Mann sein, da er sehr schnell zu seinem Zielort reiten können muss und für eine Pause oder Rast ist hier sicherlich keine Zeit, denn diese Nachricht die er übermitteln soll, scheint von großer Wichtigkeit zu sein. Da diese Karte durch sehr strahlende und positive Farben besticht, kann es sich hier sicherlich nur um eine positive Nachricht handeln. Im Hintergrund dieser Karte der Himmel zu sehen, woran man unschwer erkennen kann woher dieser Reiter kommt. Also hat er sicherlich auch einen gewissen Status, wenn er für die Überbringung solch wichtiger Nachrichten ausgewählt wurde.

Grundbedeutungen:
Der Reiter steht für positive Nachrichten, die persönlich überbracht werden. Auch kann er in diesem Zusammenhang für den Postboten stehen, der eine persönliche Nachricht zu

Ihnen bringt, also einen Einschreiben, welches auf jeden Fall einen positiven Inhalt hat.

Der Reiter kann auch für ein Fahrzeug stehen, hier steht er dann für ein Mofa, Motorrad oder einen Kleinwagen.

Als Person:
Als Personenkarte steht er für einen jüngeren oder jünger wirkenden, sportlichen, beweglichen dynamischen Mann, der meist dunkelhaarig ist. Diese Karten kann auch den Sohn, oder einen Liebhaber symbolisieren. Diese Person ist viel und häufig unterwegs und steht sehr gerne im Mittelpunkt und durch seine attraktive Erscheinung und Ausstrahlung erreicht er dies auch sehr leicht. Er *wirkt* manchmal auch etwas arrogant nach außen, was er aber keinesfalls ist.

Gesundheit
Im Gesundheitlichen steht er für die Knöchel und Gelenke, in erster Linie für die Fußgelenke.

Tier:
Als Tier steht er für das Pferd, Pony, Esel

Eigenschaften:
kommunikationsfreudig, extrovertiert,
kontaktfreudig, neugierig

Sternzeichen:
Zwilling

Zeit:
Zeitspanne innerhalb 6 Wochen.

Engelzuordung:
Erzengel Sandalphon

Beispielkombinationen:
Reiter + Klee = glückliche Nachricht, die Freude bringt
Reiter + Wolke = eine Nachricht, bringt Sorgen und Unklarheiten
Reiter + Sarg = eine Nachricht verursacht schweren Kummer
Reiter + Sense = sehr plötzliche, überraschende oder erschreckende Nachricht
Reiter + Sterne = Botschaften aus der Geistigen Welt
Reiter + Sonne = das positive Denken
Reiter + Fische = Zahlungseingang, Überweisung
Reiter + Vögel = eine Nachricht, die Ärger bringt
Reiter + Ruten = erfolgreiche Verhandlungen
Reiter + Berg = Blockade auf einer Nachricht oder Nachricht wird zurück gehalten
Reiter + Herz = Liebeserklärung
Reiter + Mäuse = Nachricht kommt mit Zeitverlust
Reiter + Park = Einladung zu einer offiziellen Gesellschaft
Baum+ Sarg + **Reiter**= gesundheitliche Gefährdung der Knöchel und Gelenke

Karte 2: Der Klee (positive Karte)

Das Bild dieser Karte zeigt einen weiblichen
Engel mit sehr fröhlichem Gesicht. In einem
Blumenkleid gekleidet steht er auf einer
Blumenwiese und hält in seiner Hand einen
Strauß mit vierblättrigen Kleeblättern.
Die kurze Lebensdauer dieser Pflanze (wenn
Sie sich ein Kleepflänzchen nach Hause holen

wird es innerhalb weniger Tage verblüht sein)
weist darauf hin, dass dieses Glück nicht von
langer Dauer ist bzw. schnell auch mal
übersehen werden kann.

Wenn man allerdings das kleine Pflänzchen in
der Erde belässt und pflegt so kann dieses
Pflänzchen wunderschöne Blüten bekommen
und genauso kann aus dem kleinen
unscheinbaren Glück, was diese Karte
symbolisiert, bei ausreichender Pflege des
Glücks durchaus großes Glück erwachsen.

So schenkt man gerne zum Jahreswechsel ein
Kleeblatt aus Marzipan, welches das kleine
Glück symbolisiert, aus dem wie eben
beschrieben, bei ausreichender Pflege großes
Glück wachsen kann.

Grundbedeutung:
Der Klee steht für das kleine Glück das häufig
übersehen wird, die kleinen Aufmerksamkeiten
und auch kleinere Gewinne, allerdings wenn
dieses kleine Glück bemerkt wird und man es
hegt und pflegt, kann daraus großes Glück
entstehen.
Der Klee steht auch für großer Sorglosigkeit
und Optimismus, in der Charakterdeutung

steht er sogar für zu übergroße Sorglosigkeit.

Gesundheit:
Auf dem gesundheitlichen Sektor zeigt der
Klee eine schnelle Genesung oder gutes
Allgemeinbefinden an.

Zeit:
Als Zeitkarte steht Klee für 3 - 7 Tage
Er steht auch für schnelle und Kurzfristige
Ereignisse, die schnell Vorübergehen.

Eigenschaften:
sportlich, aktiv, beweglich und dynamisch,
sowohl auf der körperlichen als auch auf der
geistigen Ebene

Sternzeichen:
Schütze

Engelzuordung:
Erzengel Jophiel

Beispielkombinationen:
Klee+ Lilie =kurzer schneller Sex, Spontansex, One Night Stand
Klee + Schiff = Kurzreise oder Ausflug
Klee + Wolken = fröhliche Stimmung auch in Sorgenvollen Situationen
Klee + Herz = glückliche Liebelei
Klee + Hund = Spaß und Freude mit einem Freund oder einer Freundin
Klee + Ruten = fröhliches Gespräch
Klee + Fuchs = falsche, gespielte Fröhlichkeit
Klee + Mäuse = kleiner Verlust
Baum + **Klee** = gutes gesundheitliches Allgemeinbefinden
Park + **Klee** = ein glücklicher gesellschaftlicher Anlass

Karte 3: Das Schiff (neutrale Karte)

Das Bild der Karte zeigt ein Segelschiff, dass durch die Sterne auf ein wunderschönes helles Licht zufliegt. Um das Schiff herum sind viele kleine Engel, die die Reise begleiten.
Die Schifffahrt war zu der Zeit, als die ursprünglichen Lenormandkarten entstanden, die komfortabelste Art des Reisens. Eine Reise

dauerte zwar durchaus mehrere Monate aber war dennoch sehr angenehm. In der Regel Reiste man mit einem Schiff in ferne Länder, also ins Ausland. Auf jeden Fall ist so ein Schiff das sich auf dem Ozean befindet in ständiger Bewegung. Auch wenn es hier langsam und behäbig vorwärts geht ist die Bewegung dennoch leicht zu bemerken.
Natürlich wurden auch Waren und Güter mit einem Schiff Transportiert über viele hundert Kilometer.

Grundbedeutung:
Das Schiff steht ganz klassisch gesehen für eine Reise, einen Ausflug oder eine Fahrt.
Als Fahrzeug kann das Schiff natürlich für ein Schiff als solches stehen aber auch für ein großes Auto einen Lieferwagen oder einen Zug.
Das Schiff zeigt auch an, dass etwas oder jemand in Bewegung kommt nur geht diese Bewegung sehr langsam vorwärts.
Es steht außerdem für das Sehnen und die Sehnsucht ganz im allgemeinen.
Das Schiff kann außerdem für eine Erbschaft anzeigen.

Person:
Wenn es um eine Person geht ist diese sehr freiheitsliebend und natürlich reiselustig.

Gesundheit:
Auf dem gesundheitlichem Sektor steht es für die Bauchorgane
(Bauchspeicheldrüse, Leber, Galle Milz oder Bauchspeicheldrüse)

Zeit:
Als Zeitkarte steht es für einen Zeitraum innerhalb 3 Monaten

Eigenschaften:
man kann Dinge und Ereignisse einfach auf sich zukommen lassen

Engelzuordung:
Erzengel Uriel

Beispielkombinationen:
Schiff + Reiter = dauernd unterwegs sein
Schiff + Haus = Rückkehr nach Hause
Schiff + Reiter + Haus = Lieferung aus dem
Ausland
Schiff+ Turm = Reise ins nahegelegene
Ausland (eine Ländergrenze entfernt)
Schiff + Sonne = eine Reise ins südliche
Ausland
Schiff + Berg = eine Reise in die Berge
Schiff + Schlange = eine Reise mit Umwegen
Schiff + Sense = eine Reise mit einem sehr
schnellen Fahrzeug
Schiff + Ruten = Bahnreise
Schiff + Störche = Flugreise
Schiff + Fuchs = Reisewarnung, man sollte die
Reise nicht antreten
Schiff
Schiff + Mond = Astralreise, Meditation
Schiff + Fische = Reise mit dem Schiff
Schiff + Anker = Geschäftsreise

Karte 4: Das Haus

(neutrale Karte, Themenkarte)
Das Bild dieser Karte zeigt eine prachtvolle
Villa mit goldenen Dächern und einem
wunderschönen Vorgarten mit bunten Blumen.
Besonders hervorzuheben ist die Eingangstüre
aus Holz mit eingeschnitzten Engeln und diese
Tür wird zudem von zwei Wächterengeln

bewacht. Dies sorgt dafür, dass dieses Haus absolut sicher ist. Eindringlinge haben hier keine Chance.

Die Bäume im Hintergrund stehen still, wodurch diese Karte hier sehr viel Ruhe und Kraft ausstrahlt. Es handelt sich hier also eindeutig handelt um einen Ort, an dem man sich im wörtlichen Sinne zu Hause fühlt. An diesem Ort fühlt man sich auf jeden Fall sicher und geborgen.

Grundbedeutung:
Das Haus steht natürlich für das Haus im eigentlichen Sinne, das eigene Haus, die Wohnung sowie die direkte Nachbarschaft und Umgebung.

Themenkarte:
Das Haus steht für die Familie, speziell für die Ursprungsfamilie und das Elternhaus.

Als zweites Thema steht das Haus natürlich auch für das eigene Zuhause.

Personenkarte:
Das Haus steht für einen hellhaarigen, etwa gleichaltrigen Mann, der in sich sehr stabil und strukturiert ist.

Zeit:
Als Zeit zeigt es etwas an was in 10 Jahren geschieht.

Gesundheit:
Auf der gesundheitlichen Ebene steht das Haus für den Astralkörper.

Eigenschaften:
Loyal, zuverlässig, stabil, in sich ruhend, gütig

Beispielkombinationen:

Haus + Störche = Umzug

Haus + Reiter = angenehmer Besuch

Haus + Klee = ein glückliches Zuhause

Haus + Baum = Haus in einer grünen Umgebung, ein Haus in dem man lange wohnen wird

Haus + Wolken = Unklarheiten und Sorgen in der Familie

Haus + Sarg = Krankheit in der Familie

Haus + Blumen = liebevolles Familienleben oder Haus mit Garten

Haus + Ruten = Streit in der Familie

Haus + Bär = Wohlstand in der Familie

Haus + Sense = Aggressionen in der Familie

Haus + Anker = zu Hause arbeiten

Haus + Buch = Familiengeheimnis

Haus + Park = Wohnanlage, Siedlung

Haus + Ring = Immobilienkaufvertrag

Haus + Turm = Familie lebt in Trennung

Karte 5: Der Baum (neutrale Karte, Themenkarte)

Das Bild zeigt eine prachtvolle Eiche mit kräftig grünen Blättern im Hintergrund einen herrlich blauen Himmel und einen Regenbogen. Dann sehen wir leuchtende kleine Feen und Elfen die vor dem Baum fliegen.

Dieser Baum muss schon sehr alt sein und sich schon sehr lange auf dieser Erde befinden, was natürlich von Wissen und Weisheit spricht, denn dieser Baum hat wohl schon sehr viel gesehen und erlebt. Aus Bäumen können wir uns ohnehin in schwierigen Lebenssituationen sehr viel positive Kraft und Energie holen, die die Bäume sehr gerne mit uns teilen. Wer schon mal einen Baum umarmt hat, und gelauscht hat was dieser Baum ihm zu sagen hat weiß wovon ich spreche.

Dieses Bild strahlt außerdem eine unendliche Ruhe aus. Eine Ruhe, die wieder zurück in die innere Mitte führt und natürlich auch zum inneren Wachstum, auch wenn das Wachstum von Bäumen ein sehr langsames ist, aber dafür wird ein Baum dann auch sehr kraftvoll und stark.

Grundbedeutung:
Der Baum steht als Themenkarte für das
Thema der Gesundheit und alles was mit ihr zu
tun hat, Umliegende Karten zeigen wie stabil
oder instabil der gesundheitliche Bereich der
fragestellenden Person ist.

Er steht außerdem für langsames aber stabiles
Wachstum (nach dem Motto gut Ding will Weile
haben).

Er zeigt eine notwendige Ruhe oder die
Langeweile an.

Zeit:
Als Zeitkarte steht er für etwas, was in 5
Jahren geschieht.

Eigenschaften:
Ruhig, zuverlässig und beständig

Sternzeichen:
Jungfrau

Engelzuordnung:
Erzengel Raphael

Beispielkombinationen:
Baum + Schiff = gesundheitliche Reise, Reha oder Kur
Baum + Haus = Krankenhaus
Baum + Hund = Freundschaft, die ein Leben lang hält
Baum + Storch = Lebensveränderung
Baum + Herz = sehr gesund
Baum + Ring = Partner fürs Leben
Baum + Sterne = Leben im Einklang mit Gott
Baum + Bär = sehr hohes Alter
Baum + Vögel = sorgenvolles Leben
Baum + Sarg = Krankheit
Baum + Sarg + Schlange = Erkrankung im Dickdarm
Baum + Sarg + Herz = Erkrankung des Herz-Kreislaufsystems
Baum + Sarg + Ring = chronische Krankheit
Baum + Sarg + Blumen = Homöopathische Arzneimittel
Baum + Sarg + Haus = Hausmittel
Baum + Sarg + Wolken = Erkrankung der Atemwege
Baum + Sarg + Kreuz = kurze, schwere Krankheit
Baum + Sarg + Fuchs = Erkrankung im Bereich von Nase und Ohren
Baum + Sarg + Vögel = Nervenerkrankung

Baum + Sarg + Mond = psychische Erkrankung
Baum + Sarg + Fische = Erkrankung im Bereich von Blase und Nieren
Baum + Sark + Kind = Kinderkrankheit
Baum + Sarg + Sterne = Hauterkrankung
Baum + Sarg + Turm = Erkrankung der Wirbelsäule
Baum + Sarg + Berg = Kopfschmerzen, Migräne
Baum + Sarg + Wege = Erkrankung der Gefäße
Baum + Sarg + Mäuse = Magen- und Dünndarmerkrankung
Baum + Sarg + Anker = Erkrankung im Bereich von Becken und Hüfte
Baum + Sarg + Sonne = Erkrankung der Augen

Karte 6: Die Wolken (negative Karte)

Das Bild zeigt in erster Linie eine Wolkenwand. Allerdings sehen wir diese Wolkenwand hier als zweigeteilt. Auf der linken Seite befinden sich sehr helle Wolken, die hier eine Wetterfront zeigen die zwar gerade unangenehm ist, sich aber höchstwahrscheinlich recht schnell wieder auflösen wird und die Sonne wird dann wieder scheinen. Außerdem sehen wir auf der hellen Seite der Wolken fliegende Engel.

Die rechte Seite hingegen zeigt sehr dunkle, fast schon schwarze Wolken, die sich erst noch verfestigen werden und darauf hinweisen, dass diese wohl lang am Himmel bleiben werden und zu Regen und Gewittern führen werden. In jedem Fall ist das Wetter auf dieser Karte aber bewölkt und an einem solchen bewölkten Tag bleibt man sicher lieber zu Hause und ist in einer eher bedrückten Stimmung.

Grundbedeutung:
Die Wolken stehen für Unklarheiten, Sorgen, eine eher bedrückte auch depressive Stimmung, auch für Streitigkeiten kann diese Karte stehen.

Bei dieser Karte kommt es sehr darauf an ob die helle oder dunkle Seite zu liegen kommt. Die helle Seite zeigt an die Sorgen werden sich relativ schnell wieder auflösen und die Sonne kommt dann wieder zum Vorschein, also es stellt sich recht schnell wieder eine wesentlich bessere Stimmung ein. Die dunkle Seite hingegen zeigt an, dass die Sorgen und Unklarheiten sehr festgesetzt sind und nur sehr schwer aus dem Weg zu Räumen sind.

Person:
Der ungeliebte ex Partner, ein sehr
unangenehmer Chef oder grundsätzlich eine
sehr unangenehme männliche Person

Gesundheit:
Atemwege, Lunge, Süchte

Eigenschaften:
wankelmütig, unklar, unzuverlässig

Zeit:
Als Zeitkarte stehen die Wolken für den
November.

Beispielkombinationen:

Wolken+ Ring = Begründete Sorgen um die Partnerschaft

Wolken + Reiter = Nachrichten bringen Sorgen

Wolken + Kind = berechtigte Sorgen um das Kind

Wolken + Haus = sehr dunkles Haus

Wolken + Fuchs = absolute Falschheit

Wolken + Herz = Liebeskummer

Wolken + Störche = Veränderungen sind noch unklar

Wolken + Berg = Schwierigkeiten und Probleme, die lange andauern

Wolken + Mäuse = ausweglose Situation

Wolken + Ring = viel Leid in der Ehe / Partnerschaft

Wolken + Lilien = sexuelle Probleme

Wolken + Fische = Geldsorgen

Wolken + Anker = Sorgen am Arbeitsplatz

Karte 7: Die Schlange (neutrale Karte)

Das Bild zeigt den Baum der Erkenntnis. Vor dem Baum steht Eva, die gerade von der Schlange den goldenen Apfel gereicht bekommen hat. Die Form der Schlange zeigt die klassische „Schlangenlinie" an, also kann sie wohl definitiv nicht für einen geraden oder geradlinigen Weg stehen. Die Schlange gilt

zwar auf der einen Seite als listig bzw.
hinterlistig aber ist von alters her auch ein
Symbol für Transformation und Heilkraft. Das
Symbol für die Transformation ergibt sich
daraus, dass eine Schlange sich im siebener
Rhythmus, also mindestens alle 7 Monate
häutet. Jeder Mensch macht alle 7 Jahre eine
Art Transformation durch, dies erklärt die
Schlange als Transformationssymbol. Der von
einer Schlange umwundene Äskulapstab aus
der griechischen Mythologie ist bis heute
Symbol für die Heilung und speziell für
natürliche Heilmethoden, wodurch die
Schlange als solches auch als Symbol für die
Heilung angesehen werden kann.

Grundbedeutung:
Die Schlange steht für Irrwege oder Umwege,
man fährt im wahrsten Sinne des Wortes
Schlangenlinien. Man kommt zwar zum Ziel,
jedoch nur beschwerlich und über Umwege
und muss Komplikationen und
Unannehmlichkeiten überwinden.

Die Schlange kann auch für Erneuerungen und
Transformation stehen (die Schlange häutet
sich)

Person:

Als Personenkarte steht sie für die ex Partnerin, eine unangenehme weibliche Person. Sie kann auch eine Förderin sein, allerdings hat sie immer ihren eigenen Vorteil im Hinterkopf.

Sie kann für eine Heilpraktikerin stehen.

Gesundheit:

Im gesundheitlichen Bereich steht die Schlange für den Dickdarm.

Tier:

Als Haustier steht sie für eine Schlange, Gecko oder Salamander

Eigenschaften:

gerissen, auf den eigenen Vorteil bedacht

Zeit:

Man braucht Geduld und muss abwarten

Sternzeichen:

Skorpion

Beispielkombinationen:

Schlange + Sense = eine gefährliche Feindin /Rivalin

Schlange + Sterne = Spirituelle Frau, Heilerin

Schlange + Fuchs = gerissene Lügnerin

Schlange + Mond = Mediale begabte Frau

Schlange + Turm = einsame Frau

Schlange + Bär = Mutter oder Großmutter

Schlange + Herz = Geliebte

Schlange + Wege = schwierige, kurvenreiche Straße

Schlange + Ruten = redegewandte Dame

Schlange + Brief = Kartenlegerin

Schlange + Buch = gebildete Frau

Schlange + Sterne = Astrologin

Karte 8: Der Sarg (negative Karte)

Auf der Karte ist ein schneeweißen Sarg auf dem ein sehr schöner bunter Kranz aus Rosen liegt. Im Hintergrund steht ein großer Engel hinter einem Altar auf dem in einem Leuchter sieben Kerzen brennen.

Der Sarg strahlt sicherlich auch eine sehr große Ruhe aus, allerdings im negativen Sinne, also eine Ruhe die man wohl eher als beengend, bedrückend und auch Angst machend empfindet

Alles scheint still zu stehen, diese Ruhe wurde sicherlich nicht freiwillig gewählt, sondern zu dieser Art von Ruhe wird man gezwungen und das ist mit Sicherheit alles andere als angenehm.

Grundbedeutung:

Der Sarg steht für Stillstände, Stagnation, Kummer und Traurigkeit, alles geht wahnsinnig langsam und schleppend vorwärts.

Er steht auch für die Ruhe zu der man gezwungen wird, durch Krankheit oder schweren Kummer.

Der Sarg steht für die Krankheit im allgemeinen. Man wird durch Krankheit zur Ruhe gezwungen.

Wenn der Sarg auf den Gesundheitsbereich liegt handelt es sich um eine schwerere Erkrankung die sicherlich ernst genommen werden muss.

Gesundheit:
Der Sarg steht für die Krankheit an sich

Eigenschaften:
religiös, strebend nach Geistigkeit

Zeit:
Die Ewigkeit oder etwas kommt nie

Engelzuordnung:

Erzengel Azrael

Beispielkombinationen:
Sarg + Klee = die Krankheit oder der Kummer sind nur von kurzer Dauer
Sarg + Sense = Operationen
Sarg + Ruten = sprachgehemmt sein
Sarg + Sterne = religiös sein
Sarg + Fuchs = Krankheit ist gelogen
Sarg + Hund = falscher, schlechter Umgang
Sarg + Herz = Liebeskummer
Sarg + Sonne = bessere Gesundheit oder Genesung durch Beten
Sarg + Brief = Krankschreibung, ärztliches Attest
Sarg + Buch = unentdeckte, versteckte Krankheit
Sarg + Mond = tiefer Kummer oder Depression
Sarg + Ring = Krankheit ist Chronisch
Sarg + Anker = absolute stillstände im Beruflichem Bereich, beruflicher Kummer
Sarg + Fische = schwere Geldsorgen

Karte 9: Die Blumen (positive Karte)

Auf dem Bild sehen Sie einen sehr attraktiven
männlichen Engel der einen Strauß bunter
Blumen in seiner Hand hält. Er hält den Strauß
so nach vorne, dass es so scheint der
Blumenstrauß käme als Geschenk zu Ihnen
aus der Karte heraus.

Auf jeden Fall kann man mit Blumen immer etwas sehr schönes Ausdrücken und sie sind sicherlich egal zu welchem Anlass auch immer ein gern gewähltes und überaus willkommenes Geschenk.

Grundbedeutung:
Die Blumen stehen für ein positives sehr schönes und angenehmes Geschenk, eine Einladung und Treffen.

Die Blumen sind weiterhin eine der drei Glückskarten (Klee = kleines Glück, Blumen= mittleres Glück und Sonne = großes Glück) und stehen für mittelgroßes Glück.

Person:
Als Person stehen sie für eine dunkelhaarige fürsorgliche Frau, auch für die Mutter oder eine Tante, auf jeden Fall für eine Frau mit vielen mütterlichen Aspekten.

Gesundheit:
Im gesundheitlichem Bereich steht er für die Homöopathie/ Heilpflanzen oder ein gutartiges Geschwür/ Gewächs.

Eigenschaften:
zufrieden, liebenswert

Zeit:
Als Zeitkarte stehen die Blumen für den Frühling.

Engelzuordnung:
Erzengel Ariel

Beispielkombinationen:
Blumen + Hund = Dame aus dem
Freundeskreis
Blumen + Anker = Dame aus dem beruflichem
Umfeld
Blumen + Kind = Tochter
Blumen+ Haus= Dame aus der Familie
Blumen + Park = schöner gesellschaftlicher
Anlass, Feierlichkeit
Blumen + Klee = vollkommene und ungetrübte
Lebensfreude
Blumen + Haus = sehr glückliche familiäre
Situation
Blumen + Mond = Empathie und Feingefühl
Blumen + Ring = glückliche Ehe oder
Partnerschaft
Blumen + Ring = angenehme Einladung
Blumen + Mäuse = gute Laune geht verloren
Blumen + Ruten = Smalltalk
Blumen + Fuchs = gespielte (falsche)
Freundlichkeit
Blumen + Hund = eine sehr gute Freundin

Karte 10: Die Sense (neutrale Karte)

Das Bild zeigt einen sehr schwer arbeitenden, muskulösen Mann auf einem Feld stehen der eine Sense zur Heuernte schwingt. Neben dem Mann sehen Sie einen Strohballen. sicherlich wird es Herbst sein, denn das trockene Heu zeigt dieses sehr eindeutig. Auf jeden Fall ist die Zeit der Ernte, bzw. die Ernte ist bereits geschafft und die Arbeit getan, nun kann man „ernten, was man gesät hat." Die Klinge der Sense ist aber außerdem recht scharf, so dass derjenige, der mit ihr arbeitet immer darauf achten muss die spitze von sich weg zu halten, denn sonst besteht sicherlich ein sehr hohes Verletzungsrisiko. Wenn man aber eben darauf achtet die Spitze vom Körper entfernt zu halten, dann passiert nichts und man kann seine Ernte nach Hause holen.

Grundbedeutung:
Bei der Sense ist darauf zu achten wo die Spitze hinzeigt zeigt die Spitze zu einer Personen- oder Themenkarte zeigt die Sense Gefahr, Trennung, Schmerz, Verletzungen und Verluste an.

Zeigt wiederum die Spitze weg von einer Personen- oder Themenkarte weg, deutet die Sense auf die Ernte hin man erntet was man sät, umliegenden Karten zeigen an was geerntet wird.

Person:
Als Personenkarte steht die Sense für einen temperamentvollen, sogar ungestümen und unreifen, wahrscheinlich jüngerer Mann-

Gesundheit:
Im gesundheitlichen Bereich steht sie für die Zähne und Operationen und jede Art von Schnitten und Schnittwunden.

Eigenschaften:
aggressiv, unberechenbar

Zeit:
Als Zeitkarte steht sie für den September oder für Plötzlichkeit, etwas geschieht spontan und plötzlich.

Beispielkombinationen:

Sense+ Ruten= man verletzt durch Worte, heftiger Streit

Sense+ Anker = Arbeitsplatz ist in Gefahr

Sense + Lilien= Vergewaltigung, sexuelle Nötigung

Sense + Fische = Vorsicht ist geboten in Finanziellen Angelegenheiten

Sense + Herz = „Stich ins Herz", das Herz wird gebrochen

Sense + Sarg = Verletzung oder Unfallgefahr

Sense + Blumen = giftige Substanz

Sense + Vögel = begründete Sorgen

Sense + Kind = Gewalt gegen ein Kind, ein Kind ist in Gefahr

Sense + Wege = eine Entscheidung muss unter großen Druck getroffen werden

Sense + Ring = Gewalt in der Ehe / Partnerschaft

Sense + Sterne = dunkle /schwarze Magie

Sense + Park = kriminelles Milieu

Sense + Berg = Hindernis

Sense + Sonne = Elektrizität

Sense + Fuchs = gefährliche Intrigen

Karte 11: Die Ruten (neutrale Karte)

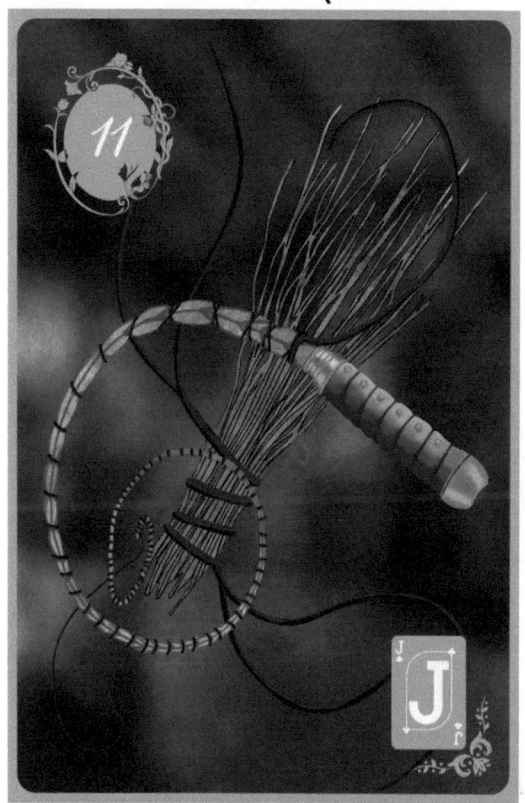

Das Bild dieser Karte zeigt eigentlich keine Rute, sondern einen Besen und eine Art mittelalterliches Selbstfolterinstrument, eine Peitsche, die von Papst Clemens, dem 2. eingeführt wurde. Mit dieser Peitsche sollten Katholiken sich, als Buße für ihre Sünden selbst bestrafen, in dem sie sich selbst mit kräftigen Hieben den Rücken peitschen. Der Reisigbesen wurde zum gründlichen Auskehren benutzt. Im Judentum galten Ruten als Symbol für Streitigkeiten und heftige Auseinandersetzungen.

Grundbedeutung:
Die Ruten stehen für Kommunikationen und Gespräche, hier in erster Linie für Streitigkeiten und heftigere Diskussionen.

Sie können aber auch dafür stehen, dass man sich selbst geißelt oder das Bedürfnis in sich verspürt sich selbst für eine sogenannte „Sünde" zu bestrafen.

Als dritten Bereich können die Ruten auch für Säuberungen und Reinemachen stehen.

Person:
Als Personenkarte stehen die Ruten für einen unternehmungslustigen, jüngeren Mann

Gesundheit:
Im gesundheitlichen Bereich stehen die Ruten für die Stimme, Stimmbänder und die Kochen

Eigenschaften:
redegewandt, streitbar

Zeit:
Als Zeitkarte steht die Sense für den Herbst.

Beispielkombinationen:

Ruten + Turm = behördliche/gerichtliche Streitigkeiten

Ruten+ Haus = Hausputz

Ruten+ Fuchs= Selbstbestrafung

Ruten + Sarg = Kummer durch ein Gespräch

Ruten + Sense = gefährliche Vorwürfe

Ruten + Sterne = Musik

Ruten + Fuchs = Lügen

Ruten + Kind = zwei Kinder

Ruten + Wege = entscheidendes Gespräch

Ruten + Turm = Gerichtsprozess

Ruten + Ring = Ehestreit

Ruten + Buch = Schriftstellerei

Ruten + Brief = Kurztext, Journalismus

Ruten + Anker = berufliche Gespräche

Ruten + Vögel = Sorgenvolle Gespräche

Karte 12: Die Vögel (neutrale Karte)

Das Bild zeigt viele bunte, fliegende Vögel, die zu einem goldenen Nest hin und zurück fliegen. Im Hintergrund sehen Sie einen Wald durch die zweige kommen Sonnenstrahlen. dieses Bild lässt vermuten dass die Vögel hier in einer Art Konversation zueinander stehen.Diese Vögel plappern ungestört über

Gott und die Welt und lästern.

Grundbedeutung:
Die Vögel stehen für Kummer Stress und Sorgen einerseits auf der anderen Seite sind die Vögel auch eine Kommunikationskarte und stehe somit für Gespräche, hier aber eher nicht für Gespräche der angenehmen Art, sondern eher für ein herumgeplappere und vor allem für Lästereien und Geschwätz.

Diese Karte steht auch für Rufschädigung bis hin zum Rufmord.

Person:
Als Personenkarte stehen die Vögel für zwei geschwätzige ältere Damen

Tier:
Kanarienvogel, Wellensittich, Papagei, Kakadu

Eigenschaften:
nervös, sorgenvoll, geschwätzig

Gesundheit:
Im gesundheitlichem Bereich stehen die Vögel für die Nerven.

Zeit:
Als Zeitkarte stehen die Vögel für den Oktober.

Engelzuordnung:
Erzengel Gabriel

Beispielkombinationen:
Vögel+ Anker = Gerede auf der Arbeit
Vögel + Sarg + Anker = Mobbing
Vögel+ Haus= Geschwätz in der
Nachbarschaft
Vögel + Schiff = aufregende Reise
Vögel + Sarg = krank vor Sorge
Vögel + Fuchs = unbegründete, unnötige
Sorgen
Vögel + Störche = aufregende Veränderungen
Vögel + Bär = Großeltern
Vögel + Berg = großes, schwer zu
bewältigendes Problem
Vögel + Blumen = eine Gruppe nervöser
Frauen
Vögel + Herz = starkes, nervöses Herzklopfen
Vögel + Wege = Entscheidung sollte in Ruhe
nochmal überdacht werden
Vögel + Park = öffentlicher Skandal
Vögel + Fische = Geldsorgen

Karte 13: Das Kind (positive Karte)

Das Bild zeigt ein kleines Kind, ein kleines Mädchen in einem Kleid, weißen. Das Kind ist sehr fröhlich und ist verspielt, vor dem Kind fliegt ein Engel und über einen Regenbogen kommen tolle Spielsachen zu diesem Kind. Das Kind selber macht einen sehr unbefangenen und unbeschwerten Eindruck

71

und die hellen Farben in denen das Kind gekleidet ist Strahlen eine sehr stark geprägt Unschuld aus.

Grundbedeutung:
Das Kind steht für den Neubeginn bzw. Neuanfang in jeder Form, bringt immer Positives mit sich. In Verbindung mit dem Storch steht es für eine Schwangerschaft.

Es steht außerdem für kindliche Unbefangenheit, Leichtigkeit, Unschuld und teilweise für Naivität, man sieht die Welt mit den Augen eines Kindes.

Person:
Als Person steht das Kind selbstverständlich für das eigene Kind oder auch eine jüngere meist sehr kleine weibliche Person.

Gesundheit:
Auf dem gesundheitlichem Sektor steht das Kind für Kinderkrankheiten.

Eigenschaften:

naiv, unschuldig, unreif

Zeit:
Als Zeitkarte innerhalb 2 Tage bis 2 Wochen.

Beispielkombinationen
Kind+ Schlange= jüngere geliebte
Kind+ Anker= beruflicher Neubeginn
Kind + Ring= partnerschaftlicher Neubeginn
Kind+ Herz= Neubeginn in der Liebe
Kind + Reiter = Sohn
Kind + Blumen = Tochter
Kind + Klee = glückliche Kindheit
Kind + Wolken = schwere, sorgenvolle Kindheit
Kind + Sarg = körperliche Erkrankung des
Kindes
Kind + Vögel = zwei Kinder
Kind + Sense = Warnung vor Unfallgefahr des
Kindes
Kind + Sense + Ruten = Kind wird durch
Schlägerei bedroht

Karte 14: Der Fuchs (neutrale Karte)

Das Bild der Karte zeigt einen Fuchs, der dabei ist sich ran zu schleichen und ran zu pirschen, dies zeigt eindeutig seine Kopf- und Körperhaltung. Er schleicht sich wortwörtlich heran.

Er erweckt den Anschein, dass er nichts gutes im Schilde führt, sicher ist auf jeden Fall dass dieser Fuchs sehr auf seinen Vorteil bedacht ist. Füchsen sagt man schon immer nach dass sie besonders schlau und intelligent sind, aber auch listig und hinterlistig.

Grundbedeutung:
Der Fuchs steht für Lügen, Intrigen und Falschheit, Neid und Missgunst. Er kann aber auch für ein sehr großes Misstrauen stehen. Im positivem Sinne kann er für eine notwendige Taktik und Raffinesse stehen.

Er ist außerdem ein Meister der Tarnung.

Person:
Eine schlaue, listige Person, die sprichwörtlich mit allen Wassern gewaschen ist. Diese Person neigt zu Lügen und Intrigen.

Gesundheit:
in der Gesundheit steht der Fuchs für den Hals, die Nase und die Ohren

Tier:
Als Haustier steht er für eine Katze.

Zeit:
Als Zeitkarte sagt er die Zeit ist nicht reif, es ist der falsche Zeitpunkt oder für den Dezember.

Beispielkombinationen:
Fuchs + Fische = Falscher Umgang mit Geld
Fuchs+ Lilie= sexueller Betrug
Fuchs+ Turm= Finanzamt
Fuchs + Schlange = Lügen als Diplomatie getarnt
Fuchs + Vögel = grundlose Aufregung und Sorgen
Fuchs + Sterne = falsche geistige oder spirituelle Einstellung
Fuchs + Störche = Veränderungen meiden
Fuchs + Park = falscher Umgang
Fuchs + Wege = die falsche Entscheidung
Fuchs + Hund = falsche Freunde
Fuchs + Brief = Nachricht enthält Lügen

Fuchs+ Anker= Geschick zur richtigen Taktik und Raffinesse im Beruflichen

Karte 15: der Bär (neutrale Karte)

Das Bild zeigt einen großen, kraftvollen
Eisbären, der neben einem Iglu steht. In
seinem Arm hält er einen Babyeisbär. Dieser
Eisbär strahlt viel Kraft und Stärke aus, aber
auch große Macht.

Ein Bär hat auch immer etwas kuscheliges an sich, ist sehr bequem und gemütlich.

Aber dennoch können Eisbären auch besonders durch ihr lautes Brüllen und ihre Stärke, Dominanz und Macht ausstrahlen.

Grundbedeutung:
Der Bär ist in erster Linie eine Personenkarte, er ist eine Person (geschlechtsneutral) der man absolut Vertrauen kann, Er kann auch die Eltern ganz allgemein (Vater und Mutter) repräsentieren. Er kann ebenso für einen Chef/ Chefin stehen die sehr wohl weiß mit Ihrer Macht und stärke umzugehen. Er kann auch für die den kompetenten Arzt/Ärztin oder Anwalt/ Anwältin stehen
Er steht für Stärke, Kraft und eine gewisse, positive Dominanz, aber auch für Machtspiele.

Gesundheit:
das Becken oder die Hüfte.

Zeit:
in ca. 15 Jahren

Engelzuordnung:
Erzengel Michael

Eigenschaften:
mächtig, stark

Beispielkombinationen:
Bär + Haus = Vater oder älterer Bruder
Bär+ Ruten+ Park= Richter oder Anwalt
Bär + Fische= Bankier
Bär+ Anker = Chef
Bär+ Hund= älterer Freund
Bär+ Turm = Lehrer
Bär + Reiter = ein Mann, der schon in jungen
Jahren mächtig ist
Bär + Schiff = Besitz im Ausland
Bär + Wolken = Gefahr des Besitzverlustes
Bär + Sense = Autoritätsperson
Bär + Fuchs = großer Betrug
Bär + Ring = gewinnbringender Vertrag
Bär + Schlüssel = Sicherheit durch Besitz
Bär + Brief = Aktien
Bär + Ruten = Rechtsanwalt
Bär + Baum = Arzt
Bär + Berg = Chef, der einen die Arbeit sehr
schwer macht

Karte 16: die Sterne (positive Karte)

Das Bild zeigt einen wunderschönen klaren Himmel an dem viele wunderschöne Sterne funkeln. Im Vordergrund sehen Sie den astrologischen Tierkreis einen großen Stern und die heilige Merkaba, auch Metatronwürfel genannt.

Die Sterne die wir am Himmel sehen, sind oft schon viele Millionen Jahre alt und viele dieser Sterne existieren heute bereits nicht mehr. Sie speichern spirituelles Wissen und die spirituelle Weisheit schlecht hin, das Bild dieser Karte lässt uns auch wunderbar die Macht und Kraft des gesamten Universums erkennen.

Grundbedeutung:
Die Sterne stehen in erster Linie für das Thema der Spiritualität, aber auch für gute Ideen und Einfälle, die aus der Intuition, also aus dem Bauchgefühl entstehen.

Die Sterne bringen außerdem Klärungen und Klarheit in Situationen. In Verbindung mit einer Person können die Sterne auch für eine sehr bekannte Berühmtheit stehen (Star= Stern).

Gesundheit:
Gesundheitlich gesehen stehen die Sterne für die Haut.

Eigenschaften
klar und spirituell

Sternzeichen:
Astrologisch gesehen stehen die Sterne für das Sternzeichen Wassermann.

Beispielkombinationen:

Sterne + Sonne = Energiearbeit, Hellsehen
Sterne + Turm= göttlicher Kanal,
Channelmedium
Sterne + Sarg = schwarze Magie
Sterne + Schlange= alternative Heilmethoden,
Hände Auflegen
Sterne + Fische = spiritueller Reichtum
Sterne + Mond = Astrologie, Hell-fühlen
Sterne + Brief = Kartenlegen, spirituelles
Schreiben
Sterne + Kreuz = Kontakt zu Verstorbenen
Sterne + Baum = Schamanismus,
Naturreligion
Sterne + Schiff = Astralreisen, Medialität
Sterne + Wege = Handlesen
Sterne + Anker = spiritueller Beruf
Sterne + Berg = geistige, spirituelle
Entwicklung blockiert
Sterne + Hund = sehr großer Freundeskreis
Sterne + Wolken + Sarg = Süchtig nach
Drogen oder Alkohol
Sterne + Sonne + Mond (Reihenfolge egal) =
höchste Spiritualität

Karte 17: Die Störche (neutrale Karte)

Das Bild zeigt uns zwei Störche, in diesem Fall
Klapperstörche mit einem Nest und kleinen
Storchenbabies. Der eine fliegt gerade aus
dem Nest davon und der andere scheint sich
gerade um die Nachkommenschaft zu
kümmern. Störche sind Zugvögel, die immer
wieder ihren Lebensort verändern, allerdings

eines ist hier sehr klar, nämlich der Niststandort, in der Regel brüten Störche jedes Jahr und immer wieder im gleichen Nest.

Grundbedeutung:
Die Störche stehen erstmal für die Veränderungen oder Umbrüche generell, worum es bei diesen Veränderungen geht zeigen umliegende Karten.

Der Storch kann auch für ein Flugzeug stehen.

Person:
Als Personenkarte stehen die Störche für eine sanfte und sehr liebevolle Frau

Gesundheit:
Im gesundheitlichem Bereich stehen die Störche für die Beine.

Zeit:

Als Zeit zeigen die Störche den Bereich Februar/ März an

Eigenschaften:
sehr flexibel, beweglich

Sternzeichen:
Widder

Engelzuordnung:
Erzengel Zadkiel

Beispielkombinationen

Störche + Haus = Renovierungen in Haus und Wohnung

Haus + **Störche** = Umzug

Störche + Herz = Liebesgefühle verändern sich

Störche + Sonne = Veränderungen, die Glück bringen

Störche + Ring= Veränderungen in der Partnerschaft

Störche + Anker= Die berufliche Situation verändert sich

Störche +Schiff= Flugreise

Störche + Park = Veränderungen führen dazu, dass man in der Öffentlichkeit steht

Störche + Berg = Veränderungen sind blockiert

Störche + Kreuz = karmische, schicksalhafte Veränderungen

Störche + Schlüssel = Veränderungen kommen mit absoluter Sicherheit

Störche + Bär = Veränderungen zum besseren

Lilien + **Störche** + Kind = Schwangerschaft

Störche + Baum + Reiter = Sport

Karte 18 der Hund (positive Karte)

Das Bild zeigt einen Hund. Übrigens mein kleiner silberfarbener Labrador hat für dieses Bild Modell gestanden. Wer an einen Hund denkt wird in erster Linie an Freundschaft, Treue und Loyalität denken, denn nicht umsonst sagt man „der Hund ist der beste Freund des Menschen. Ich kann diesen Satz nur bestätigen. Hunde folgen ihren Herren bis in den Tod. Wenn ein Hund sich einmal einem Menschen angeschlossen hat weicht er ihm niemals von der Seite. Ein Hund ist sicherlich auch ein sehr bequemes Tier, was sehr gerne und sehr viel schläft und sich stundenlang durch Streicheineinheiten verwöhnen lässt und es genießt.

Grundbedeutung:
Der Hund steht für treue Ehrlichkeit, Treue und Loyalität, sowie für Freundschaft und Zuverlässigkeit.

Person:
Als Personenkarte steht der Hund für einen jüngeren Mann im Alter eines Sohnes, einen sehr guten Freund oder für einen Mann der zum potenziellen Partner werden kann.

Tier:
Als Tier steht der Hund für einen Hund oder einen Wolf.

Gesundheit:
Im gesundheitlichem Bereich steht er für den Mund, die Nase, die Zunge und die Stimmbänder

Eigenschaften:
treu, loyal ehrlich, gemütlich, liebevoll

Zeit:
etwas ist von Dauer

Engelzuordnung:
Erzengel Raguel

Beispielkombinationen:
Hund + Herr = treuer, ehrlicher und zuverlässiger Partner
Hund + Dame = treue, ehrliche Partnerin
Hund + Reiter = sehr guter Freund, ist jünger
Hund + Bär = sehr guter, älterer Freund
Hund + Berg = keine Freunde
Hund+ Ring= die Treue in der Partnerschaft
Hund + Mäuse = Freundschaften werden sich auflösen
Hund + Brief = sehr oberflächliche Freundschaft
Hund+ Haus= sehr gutes (freundliches) familiäres Verhältnis
Hund + Turm = Freunde trennen sich
Hund +Park = sehr viele gute Freunde
Hund + Mond + Sarg = ein guter Freund hat tiefen Kummer
Hund + Ruten + Sense = großer Streit bis hin zur Gewalt unter Freunden

Karte 19: der Turm (neutrale Karte)

Das Bild zeigt einen dunklen Turm umgeben von Gewitterwolken. Sie sehen Blitz und Donner und der Turm ist kurz vor dem umkippen. Türme wurden früher gerne als Gefängnisse genutzt in denen auch die Gerichtsverhandlungen durchgeführt und alle Amts-/Behördengeschäfte getätigt wurden.

Dieser Turm hier auf dem Bild steht zusätzlich noch sehr für sich alleine und trennt das Dorf von der andern Umgebung

Grundbedeutung:
Der Turm ist eine sehr vielschichtige Karte. Er steht für die Ländergrenze, Ämter Behörden und Gericht und auch für die berufliche Selbstständigkeit.

Der Turm ist auch die Karte der Komplettverluste und Trennungen.

Person:
Als Personenkarte steht der Turm für einen Mann in einer Führungsposition

Gesundheit:
Im gesundheitlichem Bereich steht der Turm für die Wirbelsäule.

Eigenschaften:
egoistisch, gnadenlos, rücksichtslos

Zeit:
Als Zeitkarte steht der Turm für ein bis eineinhalb Jahre.

Beispielkombinationen:

Turm + Anker = Komplettverlust der Arbeit
Anker + **Turm** = berufliche Selbständigkeit
Turm + Ring = komplettes Aus für die
Partnerschaft oder Ehe
Turm + Herz = hier ist keine Liebe vorhanden
Turm + Kind = Verlust eines Kindes
Kind + **Turm** = Jugendamt
Turm + Lilie = Verlust der Libido, Impotenz
Turm + Berg = unüberwindbares Hindernis
Turm + Klee = kein Glück haben
Turm + Park= Gerichtsgebäude
Turm + Fische = Geldverlust

Karte 20: Der Park (neutrale Karte)

Das Bild zeigt eine Parkanlage, die öffentlich ist. Das viele Grün und die Blumen auf dieser Karte lassen uns erahnen, dass dieser Park als Wohlfülloase und sicherlich auch als gern genommener Treffpunkt gewählt wird. Im Vordergrund sehen Sie einen zauberhaften Engel-Springbrunnen. Der Treppenaufgang, der von sehr viel Grün und schönen Blumen umgeben ist, lässt uns erahnen dass sich in diesem Park höchstwahrscheinlich auch ein öffentliches Gebäude befindet.

Auf jeden Fall ist auf dem Bild ein Ort zu sehen an dem man einfach mal die Seele baumeln lassen kann, sich so richtig wohlfühlen und die Welt um sich herum vergessen kann.
Sicherlich auch ein Ort, der sehr gerne von vielen Menschen aufgesucht wird.

Grundbedeutung:
Der Park steht für die Öffentlichkeit an sich, aber auch öffentliche Gebäude, Kurkliniken, Krankenhaus, Gerichts-, Behördengebäude usw. Der Park kann auch für eine Fassade oder Maske stehen die jemand nach außen versucht darzustellen, man trägt ein übertrieben schickes Outfit, ein übertriebenes Make-up etc.

Person:
Der Park steht für viele Personen, zum Beispiel bei einem gesellschaftlichen Anlass

Gesundheit:
Im gesundheitlichem Bereich steht er für das Krankenhaus oder die Kurklinik.

Eigenschaften:
aufgeschlossen, extrovertiert

Zeit:
Als Zeit steht der Park für einen Zeitraum innerhalb 2 Monaten.

Beispielkombinationen:
Park + Turm = Schule, Universität
Park + Ring+ Turm = Standesamt
Park + Klee = Fest, Feierlichkeit
Park + Schlange = eine in der Öffentlichkeit
stehende Frau
Park + Hund = eine Person, die vom Publikum
geliebt wird
Park + Sonne = Politik
Park + Schlüssel = Stammkundschaft
Park + Brief = Eintrittskarte, Ticket
Park + Anker = Öffentlichkeitsarbeit
Park + Turm+ Ruten= Gericht
Park + Fische = Finanzamt oder Bank
Park + Baum = Krankenhaus, Ärztehaus,
Kurklinik
Park + Mond = Klinik für Psyche
Park + Sarg+ Kreuz = Friedhof
Park + Kind= Kinderspielplatz

Karte 21: Der Berg (negative Karte)

Auf dem Bild ist ein sehr hoher und mächtiger Berg zu sehen. Vor diesem Berg sehen wir eine eher kahle Landschaft mit Gras und ein paar wilden Blumen und einen weißen Hirsch. Hinter dem Berg sieht man einen sehr klaren Himmel und auf der Spitze dieses Berges sehen Sie einen Engel mit aufgespannten

Flügeln. Der wunderschöne blaue Himmel
lässt erahnen, dass man, wenn man diesen
Berg tatsächlich schafft zu erklimmen und zu
überwinden, dass man dann an einen Ort
kommt, der sehr schön ist und man dann diese
schnöde Einöde verlassen kann. Einfach ist
das sicherlich nicht, aber auch nicht
unmöglich.

Grundbedeutung:
Der Berg steht für fast unüberwindbare
Hindernisse, es liegen Steine im Weg, er steht
für eine völlige Distanziertheit. Er ist außerdem
die Karte der Blockaden und Belastungen und
zwar geht es um wirklich große Lasten und
Belastungen. Allerdings wenn man bereit ist an
diesen inneren Barrieren zu arbeiten und diese
zu überwinden, dann wird man danach sein
Glück finden.

Person:
Als Personenkarte steht der Berg für einen
sehr harten und egoistischen Mann, er kann
auch für einen sehr unangenehmen
Vorgesetzten stehen.

Gesundheit:
Gesundheitlich steht der Berg für den Kopf,
Schulter- und Nackenbereich

Sternzeichen:
Astrologisch steht der Berg für den Steinbock

Eigenschaften:
gehemmt, verhärtet, hart, blockiert

Zeit:
aktuell totaler, zeitlicher Stillstand, es geschieht nichts

Beispielkombinationen:
Berg + Herz = Barrieren und Hindernisse im emotionalen Bereich
Berg + Fische = schwere Lasten im finanziellem Bereich
Berg + Ring = die Partnerschaft ist schwer belastet
Berg + Wege = man will/kann keine Entscheidung treffen
Berg + Anker = große Barrieren und Hindernisse in beruflicher Hinsicht
Berg + Blumen = keine Freude
Berg + Fuchs = Hindernis ist nur eingebildet
Berg + Lilie = gehemmte Sexualität, eine Art erzwungenes Zölibat
Berg + Kreuz = das Hindernis ist eine schicksalhafte Aufgabe, die es zu lösen gilt
Berg + Kind = Kinderlosigkeit, kein Nachwuchs in Sicht
Berg + Mond = psychische Hemmung

Karte 22: Die Wege (neutrale Karte)

Das Bild zeigt eine von Bäumen umgebene Weggabelung. Vor jedem möglichen Weg steht ein Engel. Wer hier ankommt muss schauen welchen Weg er wählen möchte bzw. für welchen Weg er sich entscheiden möchte. Denn Eines ist völlig klar, hier sind zwei Wege möglich, jeder Weg wird zu einem vollkommen anderem Ziel führen. Und wenn man an so einer Gabelung steht weiß man nun mal nicht immer welcher der Wege zu welchem Ziel führen wird und trotz aller Ungewissheit muss man eine Entscheidung treffen in welche Richtung man gehen soll.

Grundbedeutung:
Die Wege ist die Karte der Entscheidungen und auch Unentschlossenheit, man muss allerdings eine Entscheidung treffen - also steht diese Karte für Wegkreuzungen im Leben.

Person:
Als Personenkarte stehen die Wege für eine fleißige, tatkräftige Frau

Gesundheit:
Venen und Arterien

Eigenschaften:
entscheidungsfreudig, entschlossen

Zeit:
Als Zeitkarte stehen die Wege für innerhalb 6-7 Wochen

Sternzeichen:
Astrologisch gesehen stehen die Wege für das Sternzeichen Waage.

Beispielkombinationen:

Wege + Herz= eine Herzensentscheidung treffen

Wege + Haus = Haus an der Straße

Wege + Blumen = sehr hübsch begrünte, bepflanzte Straße

Wege + Wolken = Schwierigkeiten sich zu entscheiden

Wege + Schlange = bei dieser Entscheidung muss man viele Gesichtspunkte beachten

Wege + Störche = eine Entscheidung bringt einschneidende Veränderungen ins Leben

Wege + Fuchs = die falsche Entscheidung treffen

Wege + Mäuse = sich nicht entscheiden, nicht festlegen wollen

Wege + Brief oder Buch = entscheidendes Dokument oder Schriftstück

Wege + Kreuz = Wegkreuzung oder Weggabelung

Wege + Kind = entweder eine Entscheidung bringt einen Neubeginn oder zwei Kinder

Wege + Ring = diese Partnerschaft steht zur Entscheidung bzw. am Scheideweg

Wege + Anker = berufliche Entscheidungen müssen getroffen werden

Karte 23: Die Mäuse (negative Karte)

Das Bild zeigt eine große Gruppe von Mäusen, die sich über etwas Fressbares (einen Obstkorb) hermachen. Gierig schlingen diese kleinen Parasiten alles in sich hinein, alles? Nein, fast alles denn einen Rest lassen sie in ihrer Gier übrig und sehen diesen nicht.

Grundbedeutung:

Die Mäuse allein stehen für Diebstahl und Teilverluste und sind die kleinen Diebe im Kartenbild.

Wenn sie vor einer Karte liegen heben sie negative Karten auf und mildern negative Karten ab.

Person:

Als Personenkarte stehen die Mäuse für einen Dieb oder Räuber

Gesundheit:

Im gesundheitlichem Bereich stehen die Mäuse für den Magen

Tier:

Als Tier steht diese Karte für eine Maus, einen Hamster, ein Meerschweinchen oder eine Ratte

Eigenschaften:

unzufrieden mich sich selbst

Zeit:

Als Zeitkarte stehen sie für Verzögerungen.

Beispielkombinationen:
Mäuse + Sarg = die Krankheit wird weggefressen, löst sich auf,
Mäuse + Wolken = Unklarheiten und sorgen verschwinden
Mäuse + Sonne = die Lebensfreude ist gedämpft
Mäuse + Herz = die Liebe ist geschwächt
Mäuse + Fuchs = Lügen kommen nach und nach an Licht
Mäuse + Turm = eine Trennung (Komplettverlust) wird aufgehoben
Mäuse + Wege = Entscheidungen verzögern sich
Mäuse + Schiff = auf dieser Reise kommt es zu Verspätungen und Ärger
Mäuse + Berg = Hindernisse lösen sich auf
Mäuse + Fische = Geldverlust
Mäuse + Buch = Heimlichkeiten kommen ans Licht
Mäuse + Lilie = Sexualität geschmälert, verminderte Libido oder Potenz
Mäuse + Schlüssel = zu wenig Sicherheit
Mäuse + Bäume = schwache Gesundheit

Karte 24: Das Herz (positive Karte)

Das Bild zeigt im Hintergrund ein riesengroßes rotes Herz und im Vordergrund den fliegenden Amor, der gerade einen Liebespfeil abschießen möchte.

Seit alters her sind das Herz und der Amor die Symbole für die Liebe und Emotionen. Dies wird wohl jeder wissen

Grundbedeutung:

Das Herz ist die Themenkarte der Liebe, also alles was mit Liebe und Emotionen zu tun hat befindet sich um diese Karte.

Person:
ein liebevoller, positiver, jüngerer Mann

Gesundheit:
Im gesundheitlichem Bereich steht das Herz für das Herz- Kreislaufsystem und das Blut

Eigenschaften:
liebevoll und herzlich

Engelzuordnung:
Erzengel Chamuel

Beispielkombinationen:

Herz + Ring = in Liebe geführte Partnerschaft, eine der schönsten Kombinationen für eine Partnerschaft

Herz + Anke r= Liebe zur Arbeit

Herz + Fische = wahnsinnig tiefe Gefühle

Herz + Turm = Partner zieht sich zurück

Turm + **Herz** = keine Liebe vorhanden

Herz + Reiter = Liebeserklärung

Herz + Brief = Liebesbrief

Herz + Schlange = die verbotene Liebe, zum Beispiel das Fremdgehen

Herz + Sarg = schwerer Liebeskummer

Herz + Störche = flüchtige Liebe

Herz + Sonne = glückliche Liebe

Herz + Schlüssel = gleich treue Liebe, man kann sich der Gefühle sicher sein

Herz + Hund = freundschaftliche Liebe

Herz + Lilie = stark erotische Gefühle

Herz + Fuchs = Unehrlichkeit in der Liebe

Fuchs + **Herz**= falsche Liebe

Karte 25: der Ring (positive Karte)

Das Bild zeigt eine schneeweiße Kirche, der Himmel ist blau und die Sonne scheint. Im Vordergrund steht ein Engel in weißem Gewand der einen großen Ring mit rotem Rubin in seiner Hand hält. Dieser Ring ist vollständig geschlossen, was darauf hinweist dass er weder Anfang noch Ende hat.

Ringe hatten schon immer vielerlei Anwendungsmöglichkeiten: als Ehering ist wohl die bekannteste Möglichkeit einen Ring zu verwenden, aber es gab z.b. auch Siegelringe die man benutzte um Verträge und Verbindlichkeiten aller Art abzuschließen und zu „besiegeln". Eines ist in jeder Hinsicht klar ob nun der Ehering oder auch der Siegelring, beides sind Ringe die für etwas festes und verbindliches gedacht waren.

Grundbedeutung:
Der Ring steht für Beziehungen in jeder Form, in allererster Linie ist er die Partnerschaftskarte und die Ehestandskarte.

Er steht außerdem für Verträge und Verbindlichkeiten.

Person:
Als Personenkarte steht der Ring für eine Gruppe von Personen, zum Beispiel einen Verein

Gesundheit:
Im gesundheitlichem Bereich steht der Ring für chronische Krankheiten

Eigenschaften:
bindungsfähig, bindungswillig, zur Wiederholung neigend

Zeit:
Als Zeit steht er für die Ewigkeit im positivem Sinne, etwas ist für die Ewigkeit

Sternzeichen:
Astrologisch steht der Ring für das Sternzeichen Stier

Beispielkombinationen:
Ring + Blumen = Verlobung
Blumen + **Ring** = Heiratsantrag
Ring + Klee = glückliche Partnerschaft oder
Ehe
Ring + Baum = Partnerschaft oder Ehe kann
ein Leben lang halten
Ring + Wolken = Sorgen, Kummer und
Unklarheiten in der Ehe
Ring + Sarg = unglückliche Ehe
Ring + Kind = ein neuer Vertrag
Ring + Anker = fest verankerte Partnerschaft
Anker + **Ring** = Arbeitsvertrag
Ring + Buch = Geheimbund
Ring + Herz = Liebesehe
Ring + Park = Eheschließung , Hochzeit
Ring + Park + Brief = Hochzeitseinladung
Ring + Fische= finanzielle Verträge
Ring + Sense = Ehe ist in Gefahr
Ring + Sense + Sarg = Gewalt in der Ehe oder
plötzliches Ende der Beziehung
Ring + Fische + Turm = Kreditvertrag
Ring + Wege = Entscheidung für die Ehe ist
gefallen

Karte 26: Das Buch (neutrale Karte)

Das Bild zeigt uns ein verschlossenes Buch, über dessen Inhalt wir nichts wissen. Es wirkt von außen schon sehr geheimnisvoll und spannend, so dass eigentlich jeder gerne sein Geheimnis kennen möchte, aber dafür muss sich dieses Buch erst noch öffnen.

Symbolisch gesehen steht das Buch sicherlich

auch für „das Buch des Lebens". Das Kreuz auf seinem Einband weißt darauf hin, dass der Inhalt dieses Buches spirituell sein wird.

Grundbedeutung:
Das Buch steht für Geheimnisse und Geheimniskrämereien, worum es sich dabei genau dreht verraten umliegende Karten.

Das Buch kann ebenso für Ausbildungen Fort- und Weiterbildungen sowie für ein Studium stehen.

Das Buch steht auch für Verschlossenheit.

Das Buch ist auch eine Karmakarte, weist also auf karmische Prozesse hin die „im Buch des Lebens" eine Rolle spielen

Gesundheit:
Im gesundheitlichen Bereich steht das Buch für das Unterbewusstsein.

Eigenschaften:
geheimnisvoll, gebildet, verschlossen, introvertiert und schweigsam

Zeit:
Als Zeitkarte sagt das Buch, die Zeit soll nicht benannt werden

Sternzeichen:

Astrologisch steht das Buch für das
Sternzeichen Fische

Engelzuordnung:

Erzengel Metatron

Beispielkombinationen:
Buch + Ring = Geheimnisse die Partnerschaft betreffend
Buch + Baum = Geheimnisse werden ein Leben lang gehütet
Buch + Sonne = Intelligenz durch Bildung
Buch + Mond = unbewusste Gefühle
Buch + Herz = heimliche Liebe
Buch + Schlüssel = Selbstsicherheit durch wahre Erkenntnis
Buch + Park + Sarg = spirituelle oder religiöse Gemeinschaft
Buch + Park + Sarg + Lilie = Rosenkreuzer
Buch + Park + Sarg + Haus = Freimaurer
Buch + Park + Sarg + Sterne = hochspirituelle Gemeinschaft
Buch + Park + Sarg + Kreuz = Katholische Gemeinschaft
Buch + Park + Sarg + Sense = satanische oder schwarzmagische Gruppe

Karte 27: Der Brief (neutrale Karte)

Das Bild zeigt einen versiegelten Brief. Das Siegel weist darauf hin, dass dieser Brief eine sehr wichtige Nachricht oder Botschaft bereit hält. Dem Absender ist es hier scheinbar sehr wichtig dass diese Nachricht nur vom Empfänger selbst geöffnet wird.

Grundbedeutung:
Der Brief ist eine Kommunikationskarte, er kann natürlich für den Brief an sich stehen aber auf jeden Fall steht er für Nachrichten.

Zeit:
Als Zeit kurzfristig innerhalb 2 *Werktagen*

Eigenschaften:
oberflächlich

Beispielkombinationen:
Brief + Baum = Krankschreibung, ärztliches Attest
Brief + Sarg = Testament
Brief + Reiter = positives Einschreiben
Brief + Herz = Liebesbrief
Brief + Schiff = Nachricht ist auf dem Weg
Brief + Sense = Anzeige oder Anklageschrift
Brief + Vögel = eine Nachricht bringe Sorgen
Brief + Schlüssel = Telefon
Brief + Sonne = elektronische Kommunikation (E-Mail, SMS, Whatsapp)
Brief + Turm = Brief von einer Behörde
Brief + Fische = Geldüberweisung

Karte 28: Der Herr (neutrale Karte)

Männlicher Fragesteller oder Herzensmann
der weiblichen Fragestellerin.

Karte 29: Die Dame (neutrale Karte)

Weibliche Fragestellerin oder Herzensdame des männlichen Fragestellers

Karte 30: Die Lilien (neutrale Karte)

Das Bild zeigt einen Strauß Lilien. Weiße Lilien sind zwar die klassischen Totenblumen, gelten auch aber als Sinnbild für Erotik und Sexualität. Viele werden sich jetzt wahrscheinlich fragen, was hat der Tod mit Sex zu tun. Die Antwort ist ganz einfach: Der Orgasmus heißt auch „kleiner Tod" oder auf

Französisch „petit Morde" und wegen dieses Begriffes und weil Sexualität immer gewissermaßen auch ein aggressiver Akt ist stehen die Lilien für Sex, aber auch für Aggressionen.

Grundbedeutung:
Die Lilien stehen für die erotische Anziehungskraft und die Sexualität, ebenso können sie für Aggressivität und Aktivität stehen.

Die Lilien sprechen auch von Gewaltpotenzial.

Es gibt viele Menschen die der Meinung sind, dass die Lilien auch die Karte der Harmonie sind. Aus meiner langjährigen Erfahrung als Kartenleger muss ich Ihnen sagen, dass diese Bedeutung nicht richtig ist.

Person:
Als Personenkarte stehen die Lilien für einen älteren vornehmen Mann mit unterschwelligen Aggressionen

Gesundheit:
Im gesundheitlichem stehen die Lilien für die Hormone, den Unterleib, den gynäkologischen und urologischen Bereich.

Eigenschaften:
aggressiv. sexbetont

Zeit:
Als Zeitkarte stehen die Lilie für den Winter.

Beispielkombinationen:
Lilien + Ruten = verbale Gewalt
Lilien + Sense = körperliche Gewalt, aber
auch Vergewaltigung
Lilien + Park = Swingerclub
Lilien + Park + Fische = Bordell
Lilien + Blumen + Ruten = Homosexualität
Lilien + Kind = eine ganz schreckliche
Kombination, nämlich: sexueller Missbrauch
eines Kindes
Lilien + Fuchs= sexueller Betrug

Karte 31: Die Sonne (positive Karte)

Das Bild dieser Karte zeigt eine strahlende
Sonne an einem wolkenlosen Himmel. Wenn
man morgens aufsteht und so ein Wetter sieht,
wie es hier auf dieser Karte abgebildet ist, ist
der Tag im Prinzip schon gerettet. Man steht
mit einer großen Portion Optimismus auf und
startet fröhlich in den Tag. Auch weiß man ja

dass wenn man sich die Sonne auf die Haut scheinen lässt, dieses die Produktion von Endorphinen (Glückshormonen) anregt und dementsprechend die Lebensfreude um ein deutliches steigert.

Grundbedeutung:
Die Sonne ist das ganz große Glück, die höchste Glückskarte im ganzen Deck. Sie spricht vom ganz großen Glück genauso wie von sehr großer Lebensfreude. Die Sonne kann jede negative Karte neutralisieren und selbst das schlimmste ins positive umkehren.

Die Sonne steht auch für Wärme, dadurch kann sie im gesundheitlichem Bereich für die Genesung durch Fieber oder für die Augen stehen

Eigenschaften:
glücklich, strahlend, energiegeladen

Zeit:
Als Zeit steht die Sonne für den Sommer

Sternzeichen:
Astrologisch steht die Sonne für das Sternzeichen Löwe

Engelzuordnung:
Maria – Königin der Engel

Beispielkombinationen:
Sonne + Ring = das große Glück in der Partnerschaft
Sonne + Reiter = das positive Denken
Sonne + Wolken = Unklarheiten lösen sich auf, man wird klarer sehen
Sonne + Herz = ein großes Herz
Herz + **Sonne** = Herzenswärme

Sonne + Herz = das große Glück in der Liebe
Sonne + Klee = langandauerndes Glück
Sonne + Lilie = energiegeladene Sexualität
Sonne + Fuchs = Illusion, der Schein trügt
Sonne + Schlüssel = kleines elektrisches Gerät
Sonne + Kind = sehr glücklicher Neubeginn
Sonne + Mäuse = zu wenig Energie
Sonne + Fische = finanzielle Gewinnchancen, Geldgewinn, großes Glück am Geld
Sonne + Anker = man hat beruflich den Jackpot, großes Glück an der Arbeit

Karte 32: Der Mond (neutrale Karte)

Das Bild zeigt uns einen Nachtblauen Himmel und im Vordergrund der Mond wunderschön leuchtend umgeben von hellen Sternen. Es ist eine ideale Nacht für Astrologen und Astronomen, denn hier kann man die Gestirne besonders gut beobachten und dementsprechend handelt es sich hier sicherlich auch um spirituelle Themen. Der Mond ist schon immer ein Symbol für die Seele, da die Psyche besonders empfindlich auf den Mond regiert (z.B. Mondsucht).

Grundbedeutung:
Der Mond ist die Karte der Psyche und der psychischen Verfassung und die Karte der Ängste.

Der Mond ist außerdem eine spirituelle Karte und steht hier für die Astrologie und die Medialität, umliegende Karten verraten uns etwas über die psychische Verfassung der betreffenden Person.

Gesundheit:
Im gesundheitlichem Bereich steht er für die Psychosomatik.

Eigenschaften:
gefühlsbetont, gefühlvoll, sensibel, verträumt

Zeit:
Als Zeit steht er für einen Zeitraum innerhalb 2 Monaten.

Sternzeichen:
Astrologisch steht der Mond für das Sternzeichen Krebs.

Engelzuordnung:
Erzengel Haniel

Beispielkombinationen:
Mond + Wolken = Depressionen
Mond + Wolken + Sarg = schwere
Depressionen
Mond + Reiter = intuitive Begabung
(Hellfühlen)
Mond + Schiff = Meditation
Mond + Fuchs = fehlende oder mangelnde
Selbsterkenntnis
Mond + Herz = sehr tiefe Liebe
Mond + Turm = dieser Mensch steht
vollkommen neben sich, er ist getrennt von
sich selbst
Mond + Sense = Schizophrenie, gespaltene
Persönlichkeit
Mond + Sense + Turm = Suizidgefährdung
Mond + Sense + Sarg = Islam

Karte 33: Der Schlüssel (positive Karte)

Das Bild zeigt im Hintergrund eine Schatztruhe mit einem dicken goldenen Vorhängeschloss. Im Vordergrund steht ein Engel in silbernen Gewand mit langem Rauschebart der einen Schlüssel in seinen Händen hält.

Wer den Schlüssel besitzt, hat Stabilität, Sicherheit und die Lösung für die meisten Lebenssituationen in seiner Hand

Grundbedeutung:
Der Schlüssel ist die Karte des Erfolges, man kann hier sagen „der Schlüssel zum Erfolg". Der Schlüssel bekräftigt und bestätigt jede Aussage und sagt mit absoluter Sicherheit.

Der Schlüssel steht ebenso für die Altersvorsorge und Altersabsicherung.

Gesundheit:
Gesundheitlich gesehen steht der Schlüssel für das pharmazeutische Medikament.

Eigenschaften:
stabil, sicher, zuverlässig

Beispielkombinationen:
Schlüssel + Herz = die Liebe ist abgesichert
Schlüssel + Fische = abgesicherte finanzielle
Situation
Schlüssel + Anker = sicherer Arbeitsplatz
Schlüssel + Park = Treffen findet mit
Sicherheit statt
Schlüssel + Sarg = Beschwerden müssen
ernst genommen werden, ein Arztbesuch ist
notwendig
Schlüssel Sonne = über viel Energie verfügen
Schlüssel + Park = Publikum oder
Stammkundschaft
Schlüssel + Mond = sichere Intuition
Schlüssel + Sterne = mit Sicherheit kommt
Klarheit
Schlüssel + Klee = langanhaltende
Glücksphase
Schlüssel + Klee + Baum = Glück hält ein
Leben lang
Schlüssel + Fische = gut angelegtes Geld
Schlüssel + Brief = eine Nachricht kommt mit
Sicherheit

Karte 34 Die Fische (neutrale Karte)

Das Bild zeigt viele bunte Fische, die um eine geöffnete Schatztruhe herumschwimmen, die sich inmitten von bunten Korallen befindet.

In vergangenen Zeiten haben viele Menschen von der Fischerei gelebt. Viele Fische die gefangen wurden bedeuteten dementsprechend Wohlstand, wodurch sich erklären lässt, warum die Fische für den finanziellen Bereich stehen. Fische scheinen niemals wirklich zu ruhen, sondern sind eigentlich immer in Bewegung, wodurch hier natürlich Stillstände nahezu ausgeschlossen sind.

Grundbedeutung:
In erster Linie stehen die Fische als Themenkarte für den Bereich Geld und Finanzen.

Eine weitere Bedeutung der Fische sind Gefühle und Emotionalität, nicht zu verwechseln mit der Karte „Herz". Bei dieser Karte geht es nicht zwingend um die Liebe an sich, sondern eher um das Bachgefühl und die Intuition.

Person:
Als Personenkarte stehen die Fische für einen sehr fleißigen, materiell orientierten Mann

Gesundheit:
Im gesundheitlichem Bereich stehen die Fische für die Nieren, das Trinken im allgemeinen und den Alkohol

Eigenschaften:
materiell, am Besitz hängend

Zeit:
Als Zeitkarte sagen die Fische Oktober/
November.

Sternzeichen:
Astrologisch stehen die Fische für das
Sternzeichen Zwilling.

Beispielkombinationen:

Fische + Turm = Trennung vom Geld, Pleite

Fische + Sarg = finanzieller Kummer

Fische + Sarg + Fuchs = Schwarzgeld
Fische + Reiter = Geld ist unterwegs
Fische + Schiff = Seereise
Fische + Kind = Kindergeld, Erziehungsgeld,
Elterngeld
Fische + Fuchs = Warnung vor falschen
Geldausgaben
Fische + Sterne = viel Geld
Fische + Park = Finanzamt oder Bank
Fische + Kreuz = ein Plus an Geld
Fische + Sarg + Haus = Erbschaft
Haus + **Fische** + Sarg = Wasserschaden
Fische + Sterne = spiritueller Reichtum
Fische + Sonne + Sense = Geldautomat
Fische + Ruten + Brief = Aktien, Wertpapiere

Karte 35: Der Anker (neutrale Karte)

Das Bild zeigt uns einen Anker auf Hoher See, der gerade ins sehr raue Meer eintaucht. Auf dem Anker sitzt eine Seemöwe.

Die Seefahrt ist sicher etwas bei dem man sich ständig in Arbeit befindet. Außerdem symbolisiert ein Anker ein Stück weit etwas Sicheres woraus sich erklärt dass er das

Symbol für den beruflichen Bereich ist

Grundbedeutung:

Der Anker steht in erster Linie als Themenkarte für die Arbeit und das Berufsleben.

Er steht außerdem für „verhaftet sein", verankert und geerdet sein.

Im partnerschaftlichem Sinne steht er für den Klammeraspekt.

Gesundheit:
Im Bereich der Gesundheit steht der Anker für das Becken und die Hüfte

Eigenschaften:
fleißig, gut geerdet

Zeit:
Als Zeitkarte steht der Anker für 3 - 5 Jahre

Beispielkombinationen:
Anker + Haus = Arbeit von zu Hause aus
Anker + Reiter = ein Beruf mit viel Bewegung,
zum Beispiel Kellner, Vertreter, Sportler
Anker + Klee = Arbeit im Unterhaltungsbereich
Anker + Baum = Arbeit in der
Gesundheitsbranche

Anker + Park = Arbeit in einer Behörde
Anker + Sarg = Leichenbestatter
Anker + Blumen = Floristin, Heilprakterin
Anker + Ruten = Zweifel an der Arbeit
Anker + Vögel + Sarg = Mobbing
Anker + Schlüssel = beruflicher Erfolg
Anker + Buch + Brief = Schriftsteller
Anker + Baum + Reiter = Physiotherapeut
Anker + Baum + Blumen = Arbeit mit
Homöopathie
Anker + Baum + Schlüssel = Tätigkeit in der
Pharmabranche
Anker + Sense + Sonne = Arbeit mit
Computern

Karte 36: Das Kreuz (neutrale Karte)

Das Bild zeigt einen männlichen Engel der sehr liebevoll und freundlich blickt mit goldenem Gewand. Er hält der ein riesiges Kreuz in der Hand. Das Kreuz ist das höchste Schutzsymbol in christlichen Religionen.

Ein Kreuz strahlt sicherlich Schutz aus sowie Religiösität und Glauben, aber man sagt ja auch „jeder hat sein Kreuz zu tragen". Das weist auf die Ding hin, die von Außen kommen und die wir nicht beeinflussen können und die daher auch sehr unangenehm sein können.

Grundbedeutung:
Das Kreuz ist die Karte des Karmas oder des Schicksals. Alles was um diese Karte herum liegt oder in ihr Haus fällt ist unausweichlich.

Gesundheit:
Gesundheitlich steht das Kreuz für den unteren Rückenbereich „das Kreuz"

Eigenschaften:
karmisch, schicksalhaft, unausweichlich, vorherbestimmt

Zeit:
Als Zeitkarte sagt das Kreuz kurz und plötzlich

Beispielkombinationen:
Kreuz + Ring = Schicksalspartnerschaft, karmische Verbindung
Kreuz + Herz = Schicksalsliebe
Kreuz + Sterne= eine Bestimmung in der Spiritualität
Kreuz + Fische = schicksalhafter Geldsegen
Kreuz + Klee = ein glückliches Leben
Kreuz + Schiff = eine Reise ist schicksalhaft
Kreuz + Blumen = viel Glück im ganzen Leben
Kreuz + Kind = Kind ist unglücklich oder sogar in Gefahr
Kreuz + Weg = eine Entscheidung, die das Schicksal wenden kann

Teil 2 Legesysteme

Die drei Karten Methode

Die drei Karten Methode eignet sich hervorragend, um schnelle Antworten zu bekommen. Formulieren Sie Ihre Frage so präzise wie möglich im Geist. Dann mischen Sie die Karten und legen diese wie folgt aus:

1	2	3
Vergangenheit / Ursache des Problems	Gegenwart / Lernprozess, was ist der Rat der Geistigen Welt	Bestmögliches Ergebnis - Dies können Sie erreichen

Die erste Karte zeigt Ihnen, was zur jetzigen Situation geführt hat. Das ist sehr wichtig, damit Sie sehen, was Sie ändern können.

Die zweite Karte wird Ihnen sagen, was Sie jetzt tun können um die dritte Karte, die bestmögliche Zukunft erreichen können.

147

Die Neuner Legung

Nun kommen wir zu einer sehr intensiven Legemethode. Ich kann Ihnen sagen, dass die Neuner Legung mit den Lenormandkarten der goldenen Zeit Ihnen helfen wird zu sehr klaren Einsichten zu gelangen.

Diese Legung können Sie für alle Themen des Lebens anwenden, beispielsweise Liebe, Beruf, Berufung, Finanzen, Gesundheit, Familiäre Themen, spirituelle Entwicklung und vieles mehr. Es ist quasi eine gute Vorstufe zur großen Tafel. Gehen Sie wie folgt vor:

- nehmen Sie sich Zeit um über Ihr Leben nachzudenken – überlegen Sie sich in welchem Lebensbereich Sie himmlische Führung benötigen und mischen dann wie bereits beschrieben die Karten

- nun nehmen Sie die ersten neun Karten und legen diese, wie in der Abbildung hin

- Dieses Legemuster lässt sich sehr intensiv deuten. Dadurch kann es sein, dass Sie für die Deutung eine Weile brauchen.Aber ich verspreche Ihnen, dass Sie die Neuner Legung mit der Zeit sehr lieben werden.

1. Die Karten in der Waagerechten

- die Karten 1,2 und 3 stehen für Ihr Privatleben und Ihren familiären Bereich

- die Karten 4,5 und 6 symbolisieren Ihr Liebes- und Beziehungsleben

- die Karten 7,8 und 9 stehen für Ihre Berufung, Ihren Beruf und Ihre Lebensaufgabe

2.die Karten in der Senkrechten

- die Karten 1,4 und 7 stehen für die Dinge, die bereits vergangen sind

- die Karten 2,5 und 8 symbolisieren Ihre Gegenwart – was Sie lernen sollten

- die Karten 3,6 und 9 zeigen die mögliche Zukunft

2.die Karten in der Diagonalen

- die Karten 1,5 und 9 stehen für das Herz die innere Stärke und die Herausforderungen dieser Situation

Zu Beginn wird es sicherlich der Fall sein, dass Sie die Karten nicht in alle Richtungen deuten. Am besten ist es, wenn Sie erst einmal beginnen die Karten in der Waagerechten Richtung zu deuten, bis Sie darin eine gewisse Routine haben.

Das Keltische Kreuz

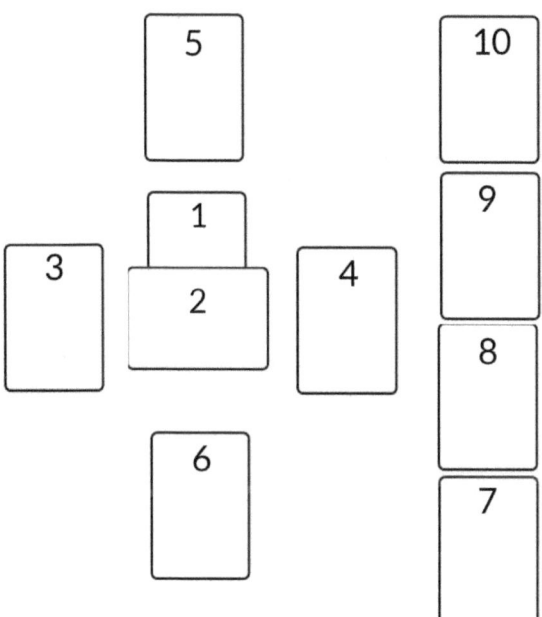

1. das Thema / die Frage
2. das kommt hinzu oder steht im Weg
3. Vergangenheit des Themas
4. nahe Zukunft / nächster Schritt

5. die Gedanken zum Thema

6. das Unbewusste

7. was gibt Sicherheit

8. die Außenwirkung

9. Hoffnungen oder Ängste

10. Ausgang / Ziel

Die Entscheidungslegung

Die Entscheidungslegung habe ich mit den Engeln dafür entwickelt, damit Sie es leichter haben, wenn Sie sich zwischen zwei Möglichkeiten entscheiden müssen.

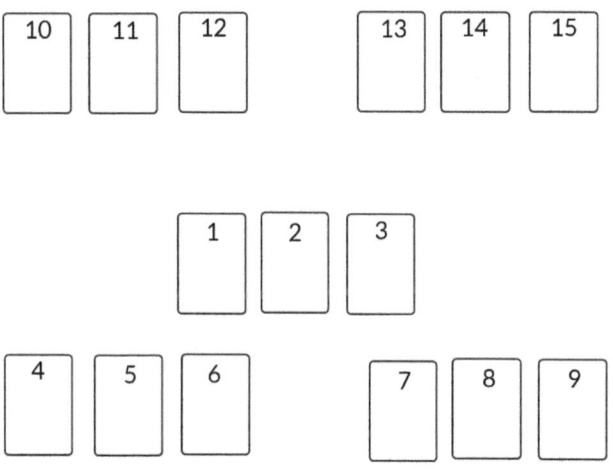

- 1,2,3 beschreibt die gegenwärtige Situation
- 4,5,6 Auswirkungen der Vergangenheit
- 7,8,9 nicht beeinflussbare, feststehende Faktoren
- 10,11,12 Ergebnis, wenn sich der Fragesteller für Weg 1 entscheidet
- 13,14, 15 Ergebnis, wenn sich der Fragesteller für Weg 2 entscheidet

Die Reinkarnationslegung

Die Reinkanationslegung ermöglicht es einen Blick in frühere Leben zu werfen. Sie zeigt uns aus welcher Inkarnation das aktuelle Problem stammt und zeigt uns sehr gut, wie wir dieses Problem lösen. Die untenstehende Übersicht über die 36 Karten der Lenormandkarten hilft Ihnen klar sehen zu können:

1. um welches Leben es sich handelt

2. was die gegenwärtige Lösung ist

3. wohin es führt

Die folgende Übersicht Zeigt Ihnen die Reinkarnationszeiträume der Lenormandkarten für die erste Karte. Karte 2 und 3 können Sie in den Kartenbeschreibungen nachlesen.

- **Reiter:** 600 – 800, das finstere Zeitalter
- **Klee:** 1600 – 1700 als die Neuzeit begann
- **Schiff:** Bronzezeit 2000 – 800 vor unserer Zeitrechnung
- **Haus:** Eisenzeit 800 – 600 vor unserer Zeitrechnung
- **Baum:** Jungsteinzeit 3500 – 3200 vor unserer Zeitrechnung
- **Wolken:** Lemurien, dazu finden Sie genaues in meinem Buch „Auf dem Weg ins goldene

Zeitalter"

- **Schlange:** frühere / jüngere Eisenzeit 200 – 0 vor unserer Zeitrechnung
- **Sarg:** zur Zeit des dreißigjährigen Krieges 1618 – 1648
- **Blumen:** Aborigines oder Urwaldstamm 13000 – 1000 vor unserer Zeitrechnung
- **Sense:** Eisenzeit 900 - 600 vor unserer Zeitrechnung
- **Ruten:** Keltentum 500 – 300 vor unserer Zeitrechnung
- **Vögel:** altes Rom 0 - 200
- **Kind:** Biedermeier und Moderne 1800 bis 2000
- **Fuchs:** Kupferzeit 2300 – 2100 vor unserer Zeitrechnung
- **Bär:** asiatische Hochkultur 2500 – 2400 vor unserer Zeitrechnung
- **Sterne:** Dolmenkultur 4500 – 4300 vor unserer Zeitrechnung
- **Störche:** Renaissance 1400 – 1500
- **Hund:** ältere Bronzezeit 1800 – 1600 vor unserer Zeitrechnung
- **Turm:** Mittelalter 900 – 1200
- **Park:** spätes Mittelalter 1200 – 1400
- **Berg:** Altsteinzeit 100000 – 30000 vor unserer Zeitrechnung

- **Wege:** hellenische Kultur 1000 – 900 vor unserer Zeitrechnung
- **Mäuse:** Jungsteinzeit 3800 – 3500 vor unserer Zeitrechnung
- **Herz:** altes Ägypten 2800 – 2000 vor unserer Zeitrechnung
- **Ring:** Atlantis
- **Buch:** altes Indien 5000 – 4600 vor unserer Zeitrechnung
- **Brief:** in diesem Leben
- **Herr:** Patriarchat ab 4000 Jahre vor unserer Zeitrechnung
- **Dame:** Matriarchat bis 4000 Jahre vor unserer Zeitrechnung
- **Lilien:** mittlere Bronzezeit 1500 – 1300 vor unserer Zeitrechnung
- **Sonne:** als die Erde entstand
- **Mond:** Jungsteinzeit 4200 – 3900 vor unserer Zeitrechnung
- **Schlüssel:** Mittelsteinzeit bis Jungsteinzeit 10000 – 3000 vor unserer Zeitrechnung
- **Fische:** Atlantis vor seinem Untergang
- **Anker:** Jungsteinzeit 3100 – 2900 vor unserer Zeitrechnung
- **Kreuz:** Zur Zeit von Jesus Christus 0 - 33

Teil 3 Engel und Lenormandkarten

3.1 Engelszuordnungen zu den Lenormandkarten

Ich habe für Sie ein eigenes System entwickelt wie Sie mit Hilfe der Lenormandkarten ein „Engelrading" durchführen können und somit durch die Karten einen direkten Kontakt zu den Engeln herstellen können. Dieses System möchte ich Ihnen nun vorstellen. Zunächst müssen Sie wissen, welche Karte für welchen der Erzengel steht.

- Erzengel Metatron: Karte 26 Das Buch

- Erzengel Sandalphon: Karte 1 Der Reiter

- Erzengel Michael: Karte 15 Der Bär

- Erzengel Ariel: Karte 9 Die Blumen

- Erzengel Raphael: Karte 5 Der Baum

- Erzengel Uriel: Karte 3 Das Schiff

- Erzengel Chamuel: Karte 25 Der Ring

- Erzengel Zadkiel: Karte 17 Die Störche

- Erzengel Jophiel: Karte 2 Der Klee

- Erzengel Haniel: Karte 32 Der Mond

- Erzengel Raziel: Karte 16 Die Sterne

- Erzengel Mariel – Karte 4 Das Haus

- Erzengel Raguel: Karte 18 Der Hund

- Erzengel Jeremiel Karte 6 Die Wolken
- Erzengel Azrael: Karte 8 Der Sarg
- Erzengel Gabriel Karte 12 Die Vögel
- Erzengel Chamuel Karte 24 Das Herz

Botschaften der Engel über die Lenormandkarten ermitteln

Zunächst nehmen Sie die Karten der Klee, der Reiter, das Buch, der Bär, die Blumen, der Baum, Das Herz, die Störche, der Ring, der Mond, die Sterne, das Haus, der Hund, die Wolken, der Sarg und die Vögel aus Ihrem Lenormandkartendeck heraus und mischen diese gut durch. Während des Mischens verbinden Sie sich mit Ihren Gedanken und Gefühlen mit den Erzengeln und fragen wer von Ihnen eine Botschaft für Sie hat. Fächern Sie die Karten vor sich aus und ziehen Sie eine Karte mit der linken Hand. Jetzt haben Sie den Engel der Ihnen etwas mitgeben möchte und seine Botschaft. Sie können auch ein Reading mit drei Karten machen. Hierbei gehen Sie genauso vor wie oben erwähnt nur ziehen Sie jetzt 3 Karten eine für die Vergangenheit (eine für die Gegenwart und eine für die Zukunft). So können Sie auf ganz einfache Art und Weise Erfahren, was Ihnen die Engel mitteilen möchten.

3.2 Botschaften der Engelskarten

Karte 26 Das Buch: Erzengel Metatron:
Ich komme zu Dir, um Dir zu helfen, Deine Chakren zu reinigen und in Ausgleich zu bringen, durch diesen Prozess möchte ich Dich unterstützen in Deinem spirituellen Wachstumsprozessen. Wenn Du bereit bist mit mir zu arbeiten, können wir gemeinsam Dein Karma aus der Akasha Chronik löschen und Du kannst dadurch auf den Weg gelangen den unser Schöpfer für Dich vorgesehen hat, den Weg des Lichtes und der Liebe. Ich helfe Dir Deine Energie auf das höchste Niveau anzuheben, das du ertragen kannst.

Erzengel Metatron – Ritual:
Sorgen Sie dafür eine Zeit lang vollkommen ungestört zu sein. Stellen Sie ein paar weiße Rosen und eine weiße Kerze auf den Tisch. Ritzen Sie mit einer Nadel auf der einen Seite „Metatron" ein und auf der anderen Seite Ihren Namen. Setzen Sie sich bequem hin und atmen Sie 7 mal tief ein und aus, wiederholen Sie dieses tiefe Atmen solange, bis Sie sich vollkommen entspannt fühlen. Widmen Sie die Rosen und die Kerze gedanklich Erzengel Metatron, zünden Sie nun die Kerze an und beobachten für ca. eine Minute die Flamme.

Sprechen Sie nun folgendes Gebet:

Geliebter Erzengel Metatron, großer Engelsfürst, ich bitte Dich von ganzem Herzen, komme zu mir und höre mich an. Geliebter Metatron umhülle mich mit Deinem weißen Licht, reinige meinen Körper meinen Geist und meine Seele von allen Giften und Schlacken, hole alle negativen Energien, die ich durch mich selbst und von anderen Menschen angesammelt habe aus meinen Chakren heraus. Ich bitte Dich hilf mir ein Licht zu sein. Geliebter Erzengel Metatron ich danke Dir von ganzem Herzen, dass Du mich gehört hast und meine Bitte nun erfüllst.

Halten Sie nach diesem Ritual ca. 30 Minuten Ruhe, legen oder setzen Sie sich hin, genießen und entspannen Sie einfach und achten Die darauf, was geschieht.

Wenn Sie diese Karte gezogen haben ist es anzuraten dieses Engelsritual an 21 aufeinander folgenden Tagen, am besten immer zur gleichen Zeit durchzuführen. Sie werden überrascht sein was in Ihrem Leben positives geschehen wird.

Nach diesen 21 Tagen sind Sie komplett gereinigt und sollten sich die nächste

Engelskarte ziehen. Wenn Sie die gleiche ziehen, so ist auch dieses komplett richtig, dann sind Sie mit Ihrem Thema noch nicht ganz durch und sollten das Prozedere noch einmal durchlaufen.

Karte 1 Der Reiter: Erzengel Sandalphon

Ich komme zu Dir, um Dir zu sagen, dass Du mir getrost all Deine Wünsche und Gebete anvertrauen kannst, ich werde sie an mich nehmen und sie für Dich zur Quelle, zu Gott tragen, damit deine positiven Wünsche für Dich und andere Menschen sofort erfüllt werden. Ich möchte Dir auch helfen, Deine Sehnsucht nach dem für Dich perfekten Partner, Deiner Zwillingsseele zu erfüllen und Dich mit Deiner Zwillingsseele zusammen zu führen. Wenn Du bereit bist Dich mit mir und meiner Energie zu verbinden, kann ich Euch zusammenführen und damit Dich und Dein Liebesleben in ungeahnte Höhen führen.

Erzengel Sandalphon Ritual:
Sorgen Sie dafür eine Zeit lang vollkommen ungestört zu sein. Stellen Sie ein paar magentafarbene Blumen und eine magentafarbene Kerze auf den Tisch. Ritzen Sie mit einer Nadel auf der einen Seite „Sandalphon" ein und auf der anderen Seite

Ihren Namen. Setzen Sie sich bequem hin und atmen Sie 7 mal tief ein und aus, wiederholen Sie dieses tiefe Atmen solange, bis Sie sich vollkommen entspannt fühlen. Widmen Sie die Blumen und die Kerze gedanklich Erzengel Sandalphon, zünden Sie nun die Kerze an und beobachten Sie für ca. eine Minute die Flamme.

Sprechen Sie nun folgendes Gebet:
Geliebter Erzengel Sandalphon, ich bitte Dich von ganzem Herzen, komme zu mir und höre mich an. Geliebter Sandalphon trage bitte all meine Wünsche und Gebete zu Gott und erbitte für mich bei der Quelle die Erfüllung meiner Wünsche. Sandalphon bitte führe mich zu meiner Zwillingsseele und meine Zwillingsseele zu mir, so dass wir in unendlicher Liebe miteinander verschmelzen können und bereit sind diese unendlich große Liebe bedingungslos und frei von jeder Erwartung zu leben. Geliebter Erzengel Sandalphon ich danke Dir von ganzem Herzen das Du mich gehört hast und meine Bitte nun erfüllst.

Halten Sie nach diesem Ritual ca. 30 Minuten Ruhe legen oder setzen Sie sich hin, genießen und entspannen Sie einfach und achten Sie darauf was geschieht.

Wenn Sie diese Karte gezogen haben ist es anzuraten dieses Engelsritual an 21 aufeinander folgenden Tagen, am besten immer zur gleichen Zeit durchzuführen. Sie werden überrascht sein was in Ihrem Leben positives geschehen wird.

Nach diesen 21 Tagen sollten sie sich die nächste Engelskarte ziehen. Wenn Sie die gleiche ziehen, so ist auch dieses komplett richtig, dann sind Sie mit Ihrem Thema noch nicht ganz durch und sollten das Prozedere noch einmal durchlaufen.

Karte 15 Der Bär: Erzengel Michael
Ich komme zu Dir, um Dir Kraft Stärke und Mut zu geben, um negative Energien aus Deinem Körper, Deinem Geist, Deiner Seele, Deiner Aura und Deinem Umfeld zu vertreiben und Dir den vollkommenen göttlichen Schutz zu gewähren. Ich möchte Dir helfen zu Deiner inneren Wahrheit zu stehen und diese immer liebevoll zum Ausdruck zu bringen. Ich möchte Dir helfen aus Deiner Opferrolle herauszufinden und klar und deutlich Deine Grenzen zu setzen. Ich möchte Dir helfen Deine tiefe innere Wahrheit zu finden und diese liebevoll aber klar zum Ausdruck zu

bringen. Ich begleite Dich und beschütze Dich an jedem Tag Deines Lebens, wenn Du es Dir von mir wünscht.

Erzengel Michael Ritual:
Sorgen Sie dafür eine Zeit lang vollkommen ungestört zu sein. Stellen Sie ein paar blaue Rosen und eine königsblaue Kerze auf den Tisch. Ritzen Sie mit einer Nadel auf der einen Seite „Michael" ein und auf der anderen Seite Ihren Namen. Setzen sie sich bequem hin und atmen Sie 7 mal tief ein und aus, wiederholen Sie dieses tiefe Atmen solange, bis Sie sich vollkommen entspannt fühlen. Widmen Sie die Blumen und die Kerze gedanklich Erzengel Michael, zünden Sie nun die Kerze an und beobachten Sie für ca. eine Minute die Flamme.

Sprechen Sie nun folgendes Gebet:
Geliebter Erzengel Michael ich bitte Dich von ganzem Herzen, komme zu mir und höre mich an. Geliebter Michael bitte befreie mich von jeder Art Negativer Energie, hilf mir meine inneren Dämonen zu besiegen und halte negative Einflüsse von mir fern. Ich bitte Dich verleihe mir Mut, Kraft und innere Stärke. Hilf mir mich und meine innere Wahrheit liebevoll und klar zum Ausdruck zu bringen und

gewähre mir den vollkommenen göttlichen Schutz. Lege mir Deinen blauen Mantel des Schutzes an, so dass, er mein leben lang bei mir bleibt. Geliebter Erzengel Michael ich danke Dir von ganzem Herzen, dass Du mich gehört hast und meine Bitte nun erfüllst.

Halten Sie nach diesem Ritual ca. 30 Minuten Ruhe legen oder setzen Sie sich hin, genießen und entspannen Sie einfach und achten Sie darauf, was geschieht.
Wenn Sie diese Karte gezogen haben ist es anzuraten dieses Engelsritual an 21 aufeinander folgenden Tagen, am besten immer zur gleichen Zeit durchzuführen. Sie werden überrascht sein was in Ihrem Leben positives geschehen wird.

Nach diesen 21 Tagen sollten sie sich die nächste Engelskarte ziehen. Wenn Sie die gleiche ziehen, so ist auch dieses komplett richtig, dann sind Sie mit Ihrem Thema noch nicht ganz durch und sollten das Prozedere noch einmal durchlaufen.

Karte 12 Die Vögel: Erzengel *Gabriel*
Ich komme zu Dir als der direkte Botschafter des Schöpfers. Ich möchte Dir helfen die göttlichen Botschaften vollkommen verstehen zu können und dir dabei helfen Deine

göttlichen Lebensaufgaben zu erkennen. Ich möchte Dir helfen Deine wahren Ziele und Wünsche zu erkennen und somit auch Deine Wünsche klar formulieren zu können. Ich bin da um Dir Deine wunderbare innere Weiblichkeit klar zu machen, so dass Du Deine weiblichen Seelenanteile ganz und gar in Dein Leben integrieren kannst und sie Leben kannst. Ich kann Dir helfen die Bilder Deiner Träume zu verstehen und nach ihren Botschaften zu leben.

Erzengel Gabriel Ritual:
Sorgen Sie dafür eine Zeit lang vollkommen ungestört zu sein. Stellen Sie ein paar weiße Rosen und eine goldene Kerze auf den Tisch. Ritzen Sie mit einer Nadel auf der einen Seite „Gabriel" ein und auf der anderen Seite Ihren Namen. Setzen sie sich bequem hin und atmen Sie 7 mal tief ein und aus, wiederholen Sie dieses tiefe Atmen solange, bis Sie sich vollkommen entspannt fühlen. Widmen Sie die Blumen und die Kerze gedanklich Erzengel Gabriel, zünden Sie nun die Kerze an und beobachten Sie für ca. eine Minute die Flamme.

Sprechen Sie nun folgendes Gebet:
Geliebter Erzengel Gabriel, ich bitte Dich von

*ganzem Herzen, komme zu mir und höre mich
an. Geliebter Gabriel bitte hilf mir die Bilder
meiner Träume zu verstehen. Hilf mir klare
Botschaften von Gott und der geistigen Welt
zu erhalten, zu verstehen und an andere
weiterzugeben. Hilf mir auch dabei meine
göttliche Weiblichkeit leben zu können und zu
genießen. Geliebter Erzengel Gabriel ich
danke Dir von ganzem Herzen das Du mich
gehört hast und meine Bitte nun erfüllst.*

Halten Sie nach diesem Ritual ca. 30 Minuten
Ruhe legen oder setzen Sie sich hin, genießen
und entspannen Sie einfach und achten Sie
darauf, was geschieht.
Wenn Sie diese Karte gezogen haben ist es
anzuraten dieses Engelsritual an 21
aufeinander folgenden Tagen, am besten
immer zur gleichen Zeit durchzuführen. Sie
werden überrascht sein was in Ihrem Leben
positives geschehen wird.

Nach diesen 21 Tagen sollten Sie sich die
nächste Engelskarte ziehen. Wenn Sie die
gleiche ziehen, so ist auch dieses komplett
richtig, dann sind Sie mit Ihrem Thema noch
nicht ganz durch und sollten das Prozedere
noch einmal durchlaufen.

Karte 5 der Baum: Erzengel Raphael

Ich komme zu Dir um Dir zu helfen, eine vollkommen gesunde Lebensweise zu führen, damit Du lernst dich gesund zu ernähren, dich fit zu halten und sorgsam mit Deiner Seele um zu gehen. Ich kann Dir helfen Körper, Geist und Seele in Einklang zu bringen und somit „Heil zu werden", ein ganzes zu werden und Dich vollkommen wohlzufühlen und zu absoluter Vitalität zu gelangen. Ich kann Dir außerdem dabei helfen Geld als das zu sehen, was es ist, nämlich reine Energie und somit den Geldfluss ins Gleichgewicht zu bringen.

Erzengel Raphael Ritual:

Sorgen Sie dafür eine Zeit lang vollkommen ungestört zu sein. Stellen Sie ein paar grüne Blumen und eine smaragdgrüne Kerze auf den Tisch. Ritzen Sie mit einer Nadel auf der einen Seite „Raphael" ein und auf der anderen Seite Ihren Namen. Setzen sie sich bequem hin und atmen Sie 7 mal tief ein und aus, wiederholen Sie dieses tiefe Atmen solange, bis Sie sich vollkommen entspannt fühlen. Widmen Sie die Blumen und die Kerze gedanklich Erzengel Raphael, zünden Sie nun die Kerze an und beobachten Sie für ca. eine Minute die Flamme.

Sprechen Sie nun folgendes Gebet:

Geliebter Erzengel Raphael ich bitte Dich von ganzem Herzen, komme zu mir und höre mich an. Geliebter Raphael bitte unterstütze mich in all meinen Heilungsprozessen, hilf mir dabei seelisch, körperlich und geistig vollkommen gesund zu werden, hilf mir den für mich richtigen Arzt auszusuchen, der mich versteht und mir bei meiner Heilung hilft. Bitte bring meine Finanzen ins Gleichgewicht und hilf mir inneren und äußeren Reichtum zu erlangen.Geliebter Erzengel Raphael ich danke Dir von ganzem Herzen, dass Du mich gehört hast und meine Bitte nun erfüllst.

Halten Sie nach diesem Ritual ca. 30 Minuten Ruhe legen oder setzen Sie sich hin, genießen und entspannen Sie einfach und achten Sie darauf, was geschieht.

Wenn Sie diese Karte gezogen haben ist es anzuraten dieses Engelsritual an 21 aufeinander folgenden Tagen, am besten immer zur gleichen Zeit durchzuführen. Sie werden überrascht sein was in Ihrem Leben positives geschehen wird.

Nach diesen 21 Tagen sollten Sie sich die nächste Engelskarte ziehen. Wenn Sie die gleiche ziehen, so ist auch dieses komplett richtig, dann sind Sie mit Ihrem Thema noch nicht ganz durch und sollten das Prozedere noch einmal durchlaufen.

Karte 3 Das Schiff: Erzengel Uriel

Ich komme zu Dir, um Dich aus Deiner Lethargie und Energielosigkeit zu befreien, ich möchte Dir helfen, Deine innere Kraft und Power zurück zu holen. Ich möchte Dir zu neuer Dynamik und Beweglichkeit verhelfen. Ich helfe Dir sehr gerne, Deine Batterien wieder aufzuladen, ich möchte dadurch Deine Ausdauer erhöhen, denn es kommen wichtige Aufgaben für Deine Entwicklung auf Dich zu. Ich helfe Dir diese zu bewältigen, denke immer an eins: NUR DIE BESTEN SCHÜLER KRIEGEN SCHWIERIGE AUFGABEN. Ich helfe Dir durch Ausdauer, Kraft und Stärke im Beruf erfolgreich zu sein.

Erzengel Uriel Ritual:

Sorgen Sie dafür eine Zeit lang vollkommen ungestört zu sein. Stellen Sie ein paar rote Rosen und eine rote Kerze auf den Tisch. Ritzen Sie mit einer Nadel auf der einen Seite „Uriel" ein und auf der anderen Seite Ihren Namen. Setzen Sie sich bequem hin und atmen Sie 7 mal tief ein und aus, wiederholen Sie dieses tiefe Atmen solange, bis Sie sich vollkommen entspannt fühlen. Widmen Sie die Blumen und die Kerze gedanklich Erzengel Uriel, zünden Sie nun die Kerze an und beobachten Sie für ca. eine Minute die Flamme.

Sprechen Sie nun folgendes Gebet:

Geliebter Erzengel Uriel ich bitte Dich von ganzem Herzen, komme zu mir und höre mich an. Geliebter Uriel bitte hilf mir meine Power und Energie zurück zu bekommen, bitte lade meine Akkus wieder auf. Hilf mir genügend Stärke zu haben, um meine Berufung im Leben zu erkennen und dadurch einen wahrhaft erfolgreichen beruflichen Weg zu gehen. Hilf mir dabei meine göttlichen Aufgaben mit Freude und Leichtigkeit zu lösen.Geliebter Erzengel Uriel ich danke Dir von ganzem Herzen, dass Du mich gehört hast und meine Bitte nun erfüllst.

Halten Sie nach diesem Ritual ca. 30 Minuten Ruhe legen oder setzen Sie sich hin, genießen und entspannen Sie einfach und achten Sie darauf, was geschieht.

Wenn Sie diese Karte gezogen haben ist es anzuraten dieses Engelsritual an 21 aufeinander folgenden Tagen, am besten immer zur gleichen Zeit durchzuführen. Sie werden überrascht sein was in Ihrem Leben positives geschehen wird.

Nach diesen 21 Tagen sollten Sie sich die nächste Engelskarte ziehen. Wenn Sie die gleiche ziehen, so ist auch dieses komplett richtig, dann sind Sie mit Ihrem Thema noch nicht ganz durch und sollten das Prozedere noch einmal durchlaufen.

Karte 24 Das Herz: Erzengel Chamuel
Ich komme zu Dir, um Dir bei der Suche nach einem für Dich passenden Partner zu helfen. Ich möchte Dir helfen all Deine Beziehungen zu heilen, sowohl in Deiner Liebesbeziehung wie auch in freundschaftlichen und familiären Beziehungen kann ich Dir helfen Frieden zu bringen. Ich bin auch der Finderengel, ich kann Dir dabei helfen verloren Geglaubtes oder Verlegtes wiederzufinden, wenn Du mich darum bittest. Ich helfe Dir gerne egal wie stressig manche Situation Dir auch gerade erscheinen mag, in diese Situation die notwendige Leichtigkeit hinein zu bringen und sie mit Freude zu lösen.

Erzengel Chamuel Ritual:
Sorgen Sie dafür eine Zeit lang vollkommen ungestört zu sein. Stellen Sie ein paar rosa Rosen und eine orangene Kerze auf den Tisch.

Ritzen Sie mit einer Nadel auf der einen Seite „Chamuel" ein und auf der anderen Seite Ihren Namen. Setzen Sie sich bequem hin und atmen Sie 7 mal tief ein und aus, wiederholen Sie dieses tiefe Atmen solange, bis Sie sich vollkommen entspannt fühlen. Widmen Sie die Blumen und die Kerze gedanklich Erzengel Chamuel, zünden Sie nun die Kerze an und beobachten Sie für ca. eine Minute die Flamme.

Sprechen Sie nun folgendes Gebet:
Geliebter Erzengel Chamuel ich bitte Dich von ganzem Herzen, komme zu mir und höre mich an. Geliebter Chamuel, bitte hilf mir, meine verlorenen und verlegten Gegenstände zurück zu bekommen. Bitte hilf mir einen Partner zu finden, der mich glücklich macht und den ich glücklich mache. Ich bitte Dich hilf mir in jeder Stresssituation mit Leichtigkeit zu reagieren. Geliebter Erzengel Chamuel ich danke Dir von ganzem Herzen, dass Du mich gehört hast und meine Bitte nun erfüllst.

Halten Sie nach diesem Ritual ca. 30 Minuten Ruhe legen oder setzen Sie sich hin, genießen und entspannen Sie einfach und achten Sie darauf, was geschieht.
Wenn Sie diese Karte gezogen haben ist es

anzuraten dieses Engelsritual an 21 aufeinander folgenden Tagen, am besten immer zur gleichen Zeit durchzuführen. Sie werden überrascht sein was in Ihrem Leben positives geschehen wird.

Nach diesen 21 Tagen sollten Sie sich die nächste Engelskarte ziehen. Wenn Sie die gleiche ziehen, so ist auch dieses komplett richtig, dann sind Sie mit Ihrem Thema noch nicht ganz durch und sollten das Prozedere noch einmal durchlaufen.

Karte 17 Die Störche: Erzengel Zadkiel
Ich komme zu Dir, um dir zu helfen jegliche Selbstzweifel und Selbstverurteilungen umzuwandeln in Selbstliebe und Selbstvertrauen, damit Du endlich in Deine Mitte kommen kannst. Ich helfe Dir bei allen Schritten die zu Deinem persönlichen und spirituellen Wachstum notwendig sind, damit Du Dein volles Seelenpotenzial finden kannst. Ich möchte Dir helfen Deine eigenen Schattenanteile mit Liebe anzunehmen und dadurch in Licht zu verwandeln. Ich kann Dir helfen mehr Risikofreude zu entwickeln und dadurch die Erfolge in Deinem Leben erhöhen.

Erzengel Zadkiel Ritual:
Sorgen Sie dafür eine Zeit lang vollkommen

ungestört zu sein. Stellen Sie ein paar gelbe Rosen und eine goldene Kerze auf den Tisch. Ritzen Sie mit einer Nadel auf der einen Seite „Zadkiel" ein und auf der anderen Seite Ihren Namen. Setzen sie sich bequem hin und atmen Sie 7 mal tief ein und aus, wiederholen Sie dieses tiefe Atmen solange, bis Sie sich vollkommen entspannt fühlen. Widmen Sie die Blumen und die Kerze gedanklich Erzengel Zadkiel, zünden Sie nun die Kerze an und beobachten Sie für ca. eine Minute die Flamme.

Sprechen Sie nun folgendes Gebet:

Geliebter Erzengel Zadkiel ich bitte Dich von ganzem Herzen, komme zu mir und höre mich an. Geliebter Zadkiel bitte hilf mir mich selbst so zu lieben und anzunehmen wie ich bin, bitte hilf mir meine Schattenanteile liebevoll als teil meiner selbst anzunehmen, zu lieben und so zu überwinden. Bitte erwecke in mir das göttliche Gesetz des Mitgefühls und der Vergebung und hilf mir die Freude am Risiko zu entwickeln, damit ich wahrhaft erfolgreich sein kann. Geliebter Erzengel Zadkiel ich danke Dir von ganzem Herzen, dass Du mich gehört hast und meine Bitte nun erfüllst.

Halten Sie nach diesem Ritual ca. 30 Minuten

Ruhe, legen oder setzen Sie sich hin, genießen und entspannen Sie einfach und achten Sie darauf was geschieht. Wenn Sie diese Karte gezogen haben ist es anzuraten dieses Engelsritual an 21 aufeinander folgenden Tagen, am besten immer zur gleichen Zeit durchzuführen. Sie werden überrascht sein was in Ihrem Leben positives geschehen wird.

Nach diesen 21 Tagen sollten Sie sich die nächste Engelskarte ziehen. Wenn Sie die gleiche ziehen, so ist auch dieses komplett richtig, dann sind Sie mit Ihrem Thema noch nicht ganz durch und sollten das Prozedere noch einmal durchlaufen.

Karte 2 Der Klee: Erzengel Jophiel
Ich komme zu Dir, um Dir zu helfen Dich gut konzentrieren zu können, ich möchte Dir bei Fort- und Weiterbildungen helfen, gut und effektiv zu lernen und das Erlernte gut in Dir zu verankern. Ich helfe Dir gerne neue wissenschaftliche Erkenntnisse zu erlangen Ich möchte Dir helfen Deine innere Stimme zu hören und ihr zu folgen. Deine Intuition und Deine innere Stimme sagen Dir die Wahrheit und weisen Dir den Weg, ich helfe Dir die Zweifel, die Dein Verstand erschafft über Bord

zu werfen und den Botschaften Deiner inneren Stimme vollkommen zu vertrauen. Ich kann Dir wenn Du Dich ganz und gar auf meine Energie einlässt helfen, das Rauchen aufzugeben und frei von dieser Sucht zu werden.

Erzengel Jophiel Ritual:
Sorgen Sie dafür eine Zeit lang vollkommen ungestört zu sein. Stellen Sie ein paar blaue Rosen und eine goldene Kerze auf den Tisch. Ritzen Sie mit einer Nadel auf der einen Seite „Jophiel" ein und auf der anderen Seite Ihren Namen. Setzen Sie sich bequem hin und atmen Sie 7 mal tief ein und aus, wiederholen Sie dieses tiefe Atmen solange, bis Sie sich vollkommen entspannt fühlen. Widmen Sie die Blumen und die Kerze gedanklich Erzengel Jophiel, zünden Sie nun die Kerze an und beobachten Sie für ca. eine Minute die Flamme.

Sprechen Sie nun folgendes Gebet:

Geliebter Erzengel Jophiel ich bitte Dich von ganzem Herzen, komme zu mir und höre mich an. Geliebter Jophiel bitte hilf mir mich beim Lernen gut konzentrieren zu können. Hilf mir mein Selbstbewusstsein aufzubauen und in mir kraftvoller zu werden. Bitte hilf mir Ordnung und Struktur in mein Wohnumfeld zu bekommen. Hilf mir alle wissenschaftlichen Erkenntnisse zu erlangen, die ich brauche. Geliebter Erzengel Jophiel ich danke Dir von ganzem Herzen das Du mich gehört hast und meine Bitte nun erfüllst.

Halten Sie nach diesem Ritual ca. 30 Minuten Ruhe, legen oder setzen Sie sich hin, genießen und entspannen Sie einfach und achten Sie darauf, was geschieht.
Wenn Sie diese Karte gezogen haben ist es anzuraten dieses Engelsritual an 21 aufeinander folgenden Tagen, am besten immer zur gleichen Zeit durchzuführen. Sie werden überrascht sein was in Ihrem Leben positives geschehen wird.

Nach diesen 21 Tagen sollten Sie sich die nächste Engelskarte ziehen. Wenn Sie die gleiche ziehen, so ist auch dieses komplett richtig, dann sind Sie mit Ihrem Thema noch nicht ganz durch und sollten das Prozedere noch einmal durchlaufen.

Karte 32 Der Mond: Erzengel Haniel
Ich komme zu Dir, um Dir Trost zu spenden in Deiner momentan sehr schwierigen Lebensphase, um zu erkennen, welche Chancen hinter den Krisen Deines Lebens auf Dich warten und um Dir zu zeigen, dass alles

in Deinem Leben genau so richtig ist wie es ist. Ich kann Dir helfen mit Mut und Zuversicht neue Lebenswege zu beschreiten, Deine inneren Blockaden zu lösen und Dir somit helfen, Deine wahren Potenziale und von Gott gegebenen Fähigkeiten zum Vorschein zu bringen und diese zu leben. Ich möchte Dir helfen hinter den Schleier der Illusionen zu schauen und die wahre Göttlichkeit in Deinem Leben zu erkennen.

Erzengel Haniel Ritual:

Sorgen Sie dafür eine Zeit lang vollkommen ungestört zu sein. Stellen Sie ein paar rosa Rosen und eine rosa Kerze auf den Tisch. Ritzen Sie mit einer Nadel auf der einen Seite „Haniel" ein und auf der anderen Seite Ihren Namen. Setzen Sie sich bequem hin und atmen Sie 7 mal tief ein und aus, wiederholen Sie dieses tiefe Atmen solange, bis Sie sich vollkommen entspannt fühlen. Widmen Sie die Blumen und die Kerze gedanklich Erzengel Haniel, zünden Sie nun die Kerze an und beobachten Sie für ca. eine Minute die Flamme.

Sprechen Sie nun folgendes Gebet:

Geliebter Erzengel Haniel ich bitte Dich von

ganzem Herzen, komme zu mir und höre mich an. Geliebter Haniel bitte hilf mir Trost zu finden, in meiner schwierigen Lebenssituation und den wirklichen Segen zu erkennen, der in allen Situationen meines Lebens steckt. Bitte hilf mir den Mut zu fassen neue Wege zu gehen, die mir mein Leben leichter machen, meine Potenziale hervor holen und mich hinter den Schleier der Illusion schauen lassen. Geliebter Erzengel Haniel ich danke Dir von ganzem Herzen, dass Du mich gehört hast und meine Bitte nun erfüllst.

Halten Sie nach diesem Ritual ca. 30 Minuten Ruhe, legen oder setzen Sie sich hin, genießen und entspannen Sie einfach und achten Sie darauf was geschieht.
Wenn Sie diese Karte gezogen haben ist es anzuraten dieses Engelsritual an 21 aufeinander folgenden Tagen, am besten immer zur gleichen Zeit durchzuführen. Sie werden überrascht sein was in Ihrem Leben positives geschehen wird.

Nach diesen 21 Tagen sollten sie sich die nächste Engelskarte ziehen. Wenn Sie die gleiche ziehen, so ist auch dieses komplett richtig, dann sind Sie mit Ihrem Thema noch nicht ganz durch und sollten das Prozedere noch einmal durchlaufen.

Karte 16 Die Sterne: Erzengel Raziel

Ich komme zu Dir, um Dir zu helfen, die geistigen und spirituellen Gesetze, der göttlichen Magie und Alchemie zu erlernen und wahrhaft zu verstehen. Ich helfe Dir Deine übersinnlichen Fähigkeiten auf - und auszubauen und zu echtem spirituellem Sehvermögen zu finden. Ich kann Dir helfen, wenn Du Dich auf meine Energie ganz und gar einlässt, Deine positiven Gedanken für Dich und Andere Wirklichkeit werden zu lassen. Ich kann Dir jede esoterische Information zukommen lassen, die Du für Deine geistigen und spirituellen Wachstumsprozesse benötigst.

Erzengel Raziel Ritual:

Sorgen Sie dafür eine Zeit lang vollkommen ungestört zu sein. Stellen Sie ein paar weiße Rosen und eine orangene Kerze auf den Tisch. Ritzen Sie mit einer Nadel auf der einen Seite „Raziel" ein und auf der anderen Seite Ihren Namen. Setzen Sie sich bequem hin und atmen Sie 7 mal tief ein und aus, wiederholen Sie dieses tiefe Atmen solange, bis Sie sich vollkommen entspannt fühlen. Widmen Sie die Blumen und die Kerze gedanklich Erzengel

Raziel, zünden Sie nun die Kerze an und beobachten für ca. Sie eine Minute die Flamme.

Sprechen Sie nun folgendes Gebet:

Geliebter Erzengel Raziel ich bitte Dich von ganzem Herzen, komme zu mir und höre mich an. Geliebter Raziel bitte hilf mir mein bei meinen spirituellen Wachstumsprozessen und bringe mir die göttlichen Gesetze der Magie und Alchemie näher, so dass ich sie vollkommen verstehen kann. Öffne mein drittes Auge und hilf mir dabei meine mir von Gott gegebene Hellsichtigkeit in vollem Umfang zu entwickeln. Bitte hilf mir dabei all meine positiven Wünsche, die ich für mich und für andere habe Realität werden zu lassen. Geliebter Erzengel Raziel ich danke Dir von ganzem Herzen das Du mich gehört hast und meine Bitte nun erfüllst.

Halten Sie nach diesem Ritual ca. 30 Minuten Ruhe, legen oder setzen Sie sich hin, genießen und entspannen Sie einfach und achten Sie darauf was geschieht.
Wenn Sie diese Karte gezogen haben ist es anzuraten dieses Engelsritual an 21 aufeinander folgenden Tagen, am besten immer zur gleichen Zeit durchzuführen. Sie

werden überrascht sein was in Ihrem Leben positives geschehen wird.

Nach diesen 21 Tagen sollten Sie sich die nächste Engelskarte ziehen. Wenn Sie die gleiche ziehen, so ist auch dieses komplett richtig, dann sind Sie mit Ihrem Thema noch nicht ganz durch und sollten das Prozedere noch einmal durchlaufen.

Karte 18 Der Hund: Erzengel Raguel
Ich komme zu Dir, weil ich Dir mitteilen möchte, dass Du nun bereit bist spirituell aufzusteigen und somit die nächste spirituelle Ebene zu erreichen. Ich möchte Deinen Aufstieg begleiten und Dich darin mit meiner Liebe und meiner Energie unterstützen. Ich möchte Dir helfen Deine Energiebalance zu behalten und Deine Chakren in Ausgleich zu bringen. Ich unterstütze Dich darin in göttliche Sphären aufzusteigen und dabei immer den Boden unter den Füßen zu behalten, also immer gut geerdet zu sein. Ich unterstütze Dich darin Deinen Körper so zu lieben wie er ist.

Erzengel Raguel Ritual:
Sorgen Sie dafür eine Zeit lang vollkommen ungestört zu sein. Stellen Sie ein paar rote Rosen und eine hellgrüne Kerze auf den Tisch.

Ritzen Sie mit einer Nadel auf der einen Seite „Raguel" ein und auf der anderen Seite Ihren Namen. Setzen sie sich bequem hin und atmen Sie 7 mal tief ein und aus, wiederholen Sie dieses tiefe Atmen solange, bis Sie sich vollkommen entspannt fühlen. Widmen Sie die Blumen und die Kerze gedanklich Erzengel Raguel, zünden Sie nun die Kerze an und beobachten Sie für ca. eine Minute die Flamme.

Sprechen Sie nun folgendes Gebet:

Geliebter Erzengel Raguel ich bitte Dich von ganzem Herzen, komme zu mir und höre mich an. Geliebter Raguel bitte hilf mir meinen Körper anzunehmen und ihn so zu lieben, wie er ist. Bitte hilf mir bei meinem spirituellem Aufstieg und zwar so dass ich immer gut geerdet bleibe und nie die Bodenhaftung verliere. Bitte halte mein Chakren stets im Gleichgewicht. Geliebter Erzengel Raguel ich danke Dir von ganzem Herzen, dass Du mich gehört hast und meine Bitte nun erfüllst.

Halten Sie nach diesem Ritual ca. 30 Minuten Ruhe, legen oder setzen Sie sich hin, genießen und entspannen Sie einfach und achten Sie darauf, was geschieht.
Wenn Sie diese Karte gezogen haben ist es

anzuraten dieses Engelsritual an 21 aufeinander folgenden Tagen, am besten immer zur gleichen Zeit durchzuführen. Sie werden überrascht sein was in Ihrem Leben positives geschehen wird.

Nach diesen 21 Tagen sollten Sie sich die nächste Engelskarte ziehen. Wenn Sie die gleiche ziehen, so ist auch dieses komplett richtig, dann sind Sie mit Ihrem Thema noch nicht ganz durch und sollten das Prozedere noch einmal durchlaufen.

Karte 8 Der Sarg: Erzengel Azrael
Ich komme zu Dir um Dir zu sagen, dass es Deinen lieben Verstorbenen in der Geistigen Welt sehr gut geht, sie sind gut im Licht angekommen und stehen unter Gottes Schutz. Sie sind frei von Schmerzen und Leid und fühlen sich rundum wohl. Sie wachen liebevoll über Dich und sind mit all ihrer Liebe bei Dir, um dich zu unterstützen und Dir zu helfen das Leben auf dieser Erde in vollen Zügen zu genießen.

Erzengel Azrael Ritual:
Sorgen Sie dafür eine Zeit lang vollkommen ungestört zu sein. Stellen Sie ein paar gelbe Rosen und eine vanillefarbene Kerze auf den Tisch. Ritzen Sie mit einer Nadel auf der einen

Seite „Azrael" ein und auf der anderen Seite Ihren Namen. Setzen Sie sich bequem hin und atmen Sie 7 mal tief ein und aus, wiederholen Sie dieses tiefe Atmen solange, bis Sie sich vollkommen entspannt fühlen. Widmen Sie die Blumen und die Kerze gedanklich Erzengel Azrael, zünden Sie nun die Kerze an und beobachten Sie für ca. eine Minute die Flamme.

Sprechen Sie nun folgendes Gebet:

Geliebter Erzengel Azrael ich bitte Dich von ganzem Herzen, komme zu mir und höre mich an. Geliebter Azrael bitte hilf meinen geliebten Verstorbenen den Weg ins Licht zu finden, schenke ihnen die Ruhe, die sie brauchen nach ihrem anstrengenden Erdenleben. Hilf mir die Fähigkeit zur Kontaktaufnahme mit meinen geliebten Verstorbenen und geistigen Führern aufzunehmen. Geliebter Erzengel Azrael ich danke Dir von ganzem Herzen das Du mich gehört hast und meine Bitte nun erfüllst.

Halten Sie nach diesem Ritual ca. 30 Minuten Ruhe legen oder setzen Sie sich hin, genießen und entspannen Sie einfach und achten darauf was geschieht.
Wenn Sie diese Karte gezogen haben ist es

anzuraten dieses Engelsritual an 21 aufeinander folgenden Tagen, am besten immer zur gleichen Zeit durchzuführen. Sie werden überrascht sein was in Ihrem Leben positives geschehen wird.

Nach diesen 21 Tagen sollten sie sich die nächste Engelskarte ziehen. Wenn Sie die gleiche ziehen, so ist auch dieses komplett richtig, dann sind Sie mit Ihrem Thema noch nicht ganz durch und sollten das Prozedere noch einmal durchlaufen.

Karte 24 Die Blumen: Erzengel Ariel

Ich komme zu dir, um Dich zu unterstützen Dir selbst und allen Lebewesen (Menschen, Tieren und Pflanzen) immer mit Respekt zu begegnen und Dir dadurch nur Menschen in Dein Leben zu ziehen, die auch Dich absolut und vollkommen respektvoll behandeln. Ich kann und möchte Dir helfen zur höchsten Form an Lebensfreude zu gelangen. Wenn Du Dich in meine Energie einschwingst und mir Dein Vertrauen schenkst kann ich auch den allertiefsten Kummer in Deiner Seele vollkommen heilen und lindern. Gerne helfe ich Dir auch dabei in Kommunikation mit Deinen Haustieren zu treten, um zu erkennen und zu verstehen, worin ihre Bedürfnisse liegen.

Erzengel Ariel Ritual:
Sorgen Sie dafür eine Zeit lang vollkommen ungestört zu sein. Stellen Sie ein paar weiße Rosen und eine silberne Kerze auf den Tisch. Ritzen Sie mit einer Nadel auf der einen Seite „Ariel" ein und auf der anderen Seite Ihren Namen. Setzen Sie sich bequem hin und atmen Sie 7 mal tief ein und aus, wiederholen Sie dieses tiefe Atmen solange, bis Sie sich vollkommen entspannt fühlen. Widmen Sie die Blumen und die Kerze gedanklich Erzengel Ariel, zünden Sie nun die Kerze an und beobachten Sie für ca. eine Minute die Flamme.

Sprechen Sie nun folgendes Gebet:

Geliebter Erzengel Ariel ich bitte Dich von ganzem Herzen, komme zu mir und höre mich an. Geliebter Ariel bitte hilf mir den tiefsten Kummer meiner Seele auf der bewussten und unbewussten Ebene zu heilen. Hilf mir bitte zu einem wahrhaft lebensfrohen Menschen zu werden und bitte hilf mir die Bedürfnisse der Tiere zu verstehen. Geliebter Erzengel Ariel ich danke Dir von ganzem Herzen, dass Du mich gehört hast und meine Bitte nun erfüllst.

Halten Sie nach diesem Ritual ca. 30 Minuten Ruhe legen oder setzen Sie sich hin, genießen und entspannen Sie einfach und achten Sie darauf, was geschieht.
Wenn Sie diese Karte gezogen haben ist es anzuraten dieses Engelsritual an 21 aufeinander folgenden Tagen, am besten immer zur gleichen Zeit durchzuführen. Sie werden überrascht sein was in Ihrem Leben positives geschehen wird.

Nach diesen 21 Tagen sollten Sie sich die nächste Engelskarte ziehen. Wenn Sie die gleiche ziehen, so ist auch dieses komplett richtig, dann sind Sie mit Ihrem Thema noch nicht ganz durch und sollten das Prozedere noch einmal durchlaufen.

Karte 4 Das Haus: Erzengel Mariel
Ich komme zu dir, um Dich mit dem Gefühl von Mitgefühl auszufüllen. Mitgefühl mit Dir und anderen Menschen. Mitgefühl ist nicht zu verwechseln mit MIT-LEID! Ich öffne Dein Herz für die Marienenergie.

Erzengel Mariel Ritual:
Sorgen Sie dafür eine Zeit lang vollkommen ungestört zu sein. Stellen Sie ein paar weiße Rosen und eine silberne Kerze auf den Tisch. Ritzen Sie mit einer Nadel auf der einen Seite

„Mariel" ein und auf der anderen Seite Ihren Namen. Setzen Sie sich bequem hin und atmen Sie 7 mal tief ein und aus, wiederholen Sie dieses tiefe Atmen solange, bis Sie sich vollkommen entspannt fühlen. Widmen Sie die Blumen und die Kerze gedanklich Erzengel Ariel, zünden Sie nun die Kerze an und beobachten für ca. eine Minute die Flamme.

Sprechen Sie nun folgendes Gebet:

Geliebter Erzengel Mariel ich bitte Dich von ganzem Herzen, komme zu mir und höre mich an. Geliebter Erzengel Mariel, ich bitte Dich mein Herz und das aller beteiligter Personen mit der Kraft des Mitgefühls zu erfüllen. Geliebter Erzengel Mariel ich danke Dir von ganzem Herzen das Du mich gehört hast und meine Bitte nun erfüllst.

Halten Sie nach diesem Ritual ca. 30 Minuten Ruhe, legen oder setzen Sie sich hin, genießen und entspannen Sie einfach und achten Sie darauf, was geschieht.
Wenn Sie diese Karte gezogen haben ist es anzuraten dieses Engelsritual an 21 aufeinander folgenden Tagen, am besten immer zur gleichen Zeit durchzuführen. Sie werden überrascht sein was in Ihrem Leben positives geschehen wird.

Nach diesen 21 Tagen sollten Sie sich die nächste Engelskarte ziehen. Wenn Sie die gleiche ziehen, so ist auch dieses komplett richtig, dann sind Sie mit Ihrem Thema noch nicht ganz durch und sollten das Prozedere noch einmal durchlaufen.

Die große Tafel (mit Häuservorlage)

1 Haus des Reiters	2 Haus des Klees	3 Haus des Schiffs	4 Haus des Hauses	5 Haus des Baumes	6 Haus der Wolken	7 Haus der Schlange	8 Haus des Sarges
9 Haus der Blumen	10 Haus der Sense	11 Haus der Ruten	12 Haus der Vögel	13 Haus des Kindes	14 Haus des Fuchses	15 Haus des Bären	16 Haus der Sterne
17 Haus der Störche	18 Haus des Hundes	19 Haus des Turms	20 Haus des Parks	21 Haus des Bergs	22 Haus der Wege	23 Haus der Mäuse	24 Haus des Herzens
25 Haus des Rings	26 Haus des Buches	27 Haus des Briefes	28 Haus des Herrn	29 Haus der Dame	30 Haus der Lilien	31 Haus derSonne	32 Haus des Mondes
		33 Haus des Schlüssels	34 Haus der Fische	35 Haus des Ankers	36 Haus des Kreuzes		

191

Vorgehen bei der Deutung

Zunächst mischen Sie die Karten gut durch und konzentrieren Sie sich beim Mischen neutral auf die Person, für die Sie die große Tafel legen möchten oder eben auf sich selbst. Hier muss gesagt werden, dass wenn man sich selbst die Karten legen möchte, dies um einiges schwerer ist als für andere, denn kein Mensch ist sich selbst gegenüber neutral. Deshalb ist auch für den erfahrensten Kartenleger sehr schwer, sich selbst in die Karten zu schauen. Für andere ist es wesentlich einfacher, denn man wünscht sich hier in der Regel nur, dass die Wahrheit heraus kommt. Bitten Sie innerlich während des Mischvorgangs die Engel um klare und wahre Aussagen für die Person, der Sie in die Karten schauen möchten und hören Sie dann auf zu mischen, wenn Sie in Ihrem Bauch ein gutes Gefühl haben. Nun legen Sie die Karten von links nach rechts aus, jeweils acht Karten in eine Reihe und vier Karten in die letzte Reihe, Sie erhalten somit vier Reihen mit 8 Karten und eine Reihe mit vier Karten.

Nun suchen Sie als erstes nach der Personenkarte (weibliche Person: Karte 29 Die Dame, männliche: Person Karte 28 Der

Herr) und ziehen gedanklich um diese Karte ein Kreuz. Alles was links von der Personenkarte ausgehend liegt ist die Vergangenheit, auf der rechten Seite liegt die Zukunft, über der Personenkarte sind Dinge die nicht beeinflussbar, also schicksalhafte Ereignisse. Unter der Personenkarte liegt alles, was die Person in ihrer eigenen Hand hat, also was veränderlich ist. Genauso können Sie mit jeder Themenkarte umgehen, also z.B mit dem Baum, der für das Thema Gesundheit steht, mit dem Anker, der für die Arbeit steht, mit den Fischen, die für die finanziellen Thematiken stehen, mit dem Ring für partnerschaftliche Fragen, mit dem Herz für die Liebe usw.

Zeiten lassen sich nach den Reihen deuten. Wenn Sie von der Personenkarte bzw. Themenkarte nach rechts gehen haben Sie ja wie oben beschrieben, die Zukunft. Eine Reihe steht immer für einen Zeitraum innerhalb 6 Wochen, die zweite Reihe innerhalb 12 Wochen, die dritte innerhalb 18 Wochen usw. Also wenn eine Person z.B wissen möchte: „Wann gehe ich in eine Partnerschaft?", schauen Sie wie viel Reihen von der Person entfernt liegt Karte 25 der Ring. Liegt dieser sagen wir mal 4 Reihen von der Personenkarte entfernt, können Sie die Aussage treffen eine Partnerschaft kommt innerhalb 24 Wochen oder innerhalb 6 Monaten. Sie sehen, auch das *Zeiten Deuten ist Denkbar einfach.*

Die Häuserlegung

Im zweiten Schritt gehen Sie nach den Häusern der Karten vor. Jede Karte hat ihr eigenes Haus, die Häuser sollten Sie unbedingt kennen und auch dies ist sehr einfach. Die Häuser im Kartenbild richten sich nach dem Nummern der Karten, und sind die dementsprechenden Positionen im Kartenbild. Haus 1 (Position 1) ist somit das Haus des Reiters, Haus 2 (Position 2) das Haus des Klees usw. Hier gehen Sie vor in dem Sie als erstes schauen in welches Haus fällt die Personenkarte, fällt sie z.B. an Position 6 des Kartenbildes (Haus der Wolken) können Sie sicher sein das die Person momentan voller Kummer und Sorgen ist, dann würden Sie schauen in welches Haus fallen die Wolken, fallen diese z.B an die Position 24 (Haus des Herzens) handelt es sich eindeutig um Kummer in der Liebe. Wenn jetzt das Herz an Position 2 (Haus des Klees) fällt können Sie sagen der Liebeskummer ist vorübergehend, die Sorgen lösen sich schnell wieder auf.

Genauso können Sie natürlich mit jeder beliebigen Themenkarte die Häuser durchgehen.

Eines ist klar Übung macht den Meister, also suchen Sie sich Menschen aus Ihrem Freundes- und Bekanntenkreis und üben Sie darauf los, Sie werden freudig überrascht sein wie schnell sich Ihre Fähigkeiten auf und ausbauen werden.

Haus 1 Reiter: Haus der guten Nachrichten

Haus 2 Klee: Haus des kleinen Glücks

Haus 3 Schiff Haus der Reisen und Unternehmungen

Haus 4 Haus: Haus der Stabilität und Familie

Haus 5 Baum: Haus der Beständigkeit und Gesundheit

Haus 6 Wolken: Haus der Sorgen und Ängste

Haus 7 Schlange: Haus einer Frau der Komplikation

Haus 8 Sarg: Haus des Kummers

Haus 9 Blumen: Haus einer Frau der Geselligkeit

Haus 10 Sense: Haus der Gefahr und der Plötzlichkeit

Haus 11 Ruten: Haus des Gesprächs, des Streites

und der Zweifel

Haus 12 Vögel: Haus des kleinen Kummers und der Mühen

Haus 13 Kind: Haus des Kindes und des Neuanfangs

Haus 14 Fuchs: Haus der Falschheit und der Lügen

Haus 15 Bär: Haus des Vertrauens

Haus 16 Sterne: Haus der Klarheit und der Spiritualität

Haus 17 Störche: Haus der Veränderung und des Umbruchs

Haus 18 Hund: Haus der Treue und der Freunde

Haus 19 Turm: Haus der Trennung und der Isolation

Haus 20 Park: Haus der Öffentlichkeit und der Fassade

Haus 21 Berg: Haus der Belastungen und Blockaden

Haus 22 Wege: Haus der Entscheidung

Haus 23 Mäuse: Haus des Teilverlustes

Haus 24 Herz: Haus der Liebe

Haus 25 Ring: Haus der Beziehung und Verträge

Haus 26 Buch: Haus der Geheimnisse

Haus 27 Brief: Haus der Nachrichten, der Kommunikation

Haus 28 Herr: Haus des Herrn

Haus 29 Dame: Haus der Dame

Haus 30 Lilie: Haus der Sexualität, der Handlung

Haus 31 Sonne: Haus des großen Glücks, der Freude, der Lebensenergie

Haus 32 Mond: Haus der Psyche

Haus 33 Schlüssel: Haus der Sicherheit und des Erfolges

Haus 34 Fische: Haus des Geldes

Haus 35 Anker: Haus der Arbeit

Haus 36 Kreuz: Das karmische Haus, Haus der Lebensaufgabe

Außerdem von Udo Golfmann erschienen

Die Lenormandkarten der goldenen Zeit die Karten zu diesem Buch können Sie bestellen unter:

https://www.udo-golfmann.de/produkt/lenormand-karten

Auf dem Weg ins goldene Zeitalter Herstellung und Verlag: BoD – Books on Demand, Norderstedt **ISBN-13: 9783842326156**

Engel-Energie-Master-System

Herstellung und Verlag:

BoD – Books on Demand, Norderstedt

ISBN-13: 978-3738658798

Zur wahren Liebe durch die Kraft der Engel-Energie Herstellung und Verlag:

BoD – Books on Demand, Norderstedt

ISBN-13: 978-3738600674

Heilung mit den Erzengeln

Herstellung und Verlag:

BoD – Books on Demand, Norderstedt

ISBN-13: 978-3735723161